外為ビジネスの実践手法

― 中小企業を活性化する法人渉外 ―

中西尚孝 著

経済法令研究会

はじめに

　金融機関で営業職に携わっている人達のなかには、「外国為替業務」（以下、「外為」と呼ぶ）というと、「えっ、外為をやるの？　外為なんて知らないよ！」といった反応を示す若手、中堅クラスの職員が多いのではないでしょうか？

　1997年から取り組まれた日本版金融ビッグバン以前、13行の都市銀行や一部地域金融機関では、それぞれが特色を出して、本邦企業の海外進出支援や外為業務に注力し、各行はこれらの分野においても存分に実力を発揮し、行員達は皆、自信と誇りに満ちていたものでした。

　その後の急速な金融再編によって都市銀行各行は3大メガバンクグループに集約され、合併によって肥大化した体をスリムにしようと効率化優先の業務体制作りに懸命になっています。

　また一般的に、多くの金融機関では、利鞘ビジネスである融資業務への偏重傾向がみられる一方で、外国為替業務については比較的軽視される風潮にあるようです。

　未曾有の世界同時不況にさらされている今日、金融機関の取引先は急速なスピードで進んでいるグローバル化に対応しようとしているのであり、金融機関にとっても、外為ビジネスは避けては通れないものになってきています。

　取引先にとって貿易のプロセスのなかで生じる様々な貿易金融や貿易実務について、困ったことがあれば気軽に相談に応じてもらえる金融機関が増えてくることは大いに歓迎されるところであり、メガバンクだけではなく地域金融機関にもそうあってほしいと多くの中小企業の経営者達は求めているのではないでしょうか？

　読者の皆さんには、「外国為替業務」と聞くだけで難しい業務であるといった先入観をぜひ捨て去っていただき、少しでも中小企業の経営者達の期待に応えることができるように、Step by Stepで外為業

務の知識を吸収していってほしいと願っております。

　本書は、第1編で「外為与信のチェックポイント」として、貿易取引の流れのなかでの「物」と「金」の動きに注目し、外為取引に特有の与信とポイントについてみていきます。

　第2編では「外為営業実践活用法」として、職場でできる実践訓練としてロールプレーイングの題材を載せ、A社長とB銀行マンとの対話形式で盛り込み、わかりやすく解説を加えました。

　本書の発行にあたり、JETRO認定貿易アドバイザー同期生で、現在、後進の指導に熱心にあたっておられる千葉銀行・市場業務部の遠藤玲司様、若き外為・市場営業のホープとして主に関西一円でご活躍中の京都銀行・証券国際部の後藤真一様、外為一筋に30数年間打ち込んでこられた旧友の三菱東京UFJ銀行・本店外為業務室の酒井直樹様には全体的なご意見をいただきました。

　また、東京銀行時代から旧知の間柄で、現在も三菱UFJリサーチ＆コンサルティング株式会社（旧TRI）で外為セミナーの講師としてご活躍中の神谷俊男様にも、一部貴重なアドバイスをちょうだいしました。

　また、株式会社経済法令研究会の金子幸司様、梶吉夫様、下井正彦様および八重樫純生様には出版にいたるまでの数々の労をとっていただき大変お世話になりましたので、この場をお借りして厚くお礼申し上げます。

2009年7月吉日

　　　　　　　　　　　　　　　　　　　　　　　　　　　中西　尚孝

本題に入るまえに

1．グローバル化によって変化する中小企業

　中小企業の多くは、高度な機能性や優れたデザイン、卓越した技術力を有した製品・サービスをもっていても、モノづくりが中心となり、企業内に貿易の専門的スタッフを抱える余裕はないのが実情です。

　また、保有資産や信用力に乏しいため、金融機関から十分な貿易金融や為替ヘッジのためのサービス提供（金融機関からみれば、「与信取引」となる）を受けられないといった理由で、自らを売買の当事者とせずに、国内の貿易専門商社やメーカー等に委託して輸出入取引を行ってもらう「間接貿易」をしている企業も多く見受けられます。

　しかしながら、1998年の「外国為替及び外国貿易法」（以下、外為法という）改正による貿易関連諸規制の緩和・自由化や、インターネットの発展による電子商取引が急速に拡大したことで、従来の貿易形態が大きく変化してきています。

　外為法の改正以降、国内の商社やメーカー等に輸出入取引の代行を委託する形態をやめて、自らが契約の当事者となって海外との取引を行う「直接貿易」形態に切り替える企業が増加してきました。

　あるいは、国内の商社やメーカー等を通じた「間接貿易」形態を採用している企業のなかには、委託先の商社等との代金決済にあたって「円建」ではなく、「外貨建」として「居住者間外貨建決済を行う方法」(注)に切り替える企業も増加してきているようです。

　　（注）「居住者間外貨建決済を行う方法」は、対外的に外貨建で受払を依頼していた「間接貿易」の場合等で、わざわざ日本国内で円建での受払を行わずとも、外貨のまま国内企業間決済を可能にしたものです。この方法は1998年4月の「外国為替及び外国貿易法」施行によって自由化されました。

自らが為替変動リスクを抱え込んで、少しでも委託先である商社やメーカー等への支払手数料を削減し、自社の収益を確保しようと懸命になっています。

このように、まだまだ多くの中小企業では、大企業と比較して、ソフト面・ハード面での経営資源に大きな格差が存在するなか、「貿易に関する専門知識・貿易実務経験を有する人材の不足」「必要な貿易金融を金融機関から受けられない」「各種情報の入手が困難」等の悩みを多く抱えているのです。

2．金融機関における外為ビジネスの変遷

政府が日本版金融ビッグバンとして、銀行・証券・保険の3つの分野にわたる改革に取り組み始める前年の1996年4月に、外国為替専門銀行法に基づく唯一の外国為替専門銀行だった東京銀行（前身は横浜正金銀行）は旧財閥系都市銀行の三菱銀行と対等合併を行い、東京三菱銀行が誕生、それ以降、すさまじいスピードで大手都市銀行同士の合併・再編成が加速されていきました。

2001年4月にはさくら銀行が住友銀行と合併して三井住友銀行に、2002年1月には三和銀行と東海銀行が合併してUFJ銀行に、その後、最近では東京三菱銀行がUFJ銀行と合併して、2006年1月に三菱東京UFJ銀行が誕生したことは記憶に新しいところです。

また、長期信用銀行法に基づく日本興業銀行は第一勧業銀行と富士銀行の三行合併によって、2002年4月にみずほ銀行および、みずほコーポレート銀行になりました。

これらの多くの金融機関の再編成が進むまでは、それぞれの金融機関が独自の特殊性や専門性を武器として、国際・外為ビジネスにおいても特色のある独自の企業カラーを発揮してきたのです。

特に、外国為替専門銀行であった東京銀行をはじめ、いくつかの銀行は、随分と高い実績を誇っていたと記憶しています。

また、これらの旧都市銀行は地域金融機関に対して、国際・外為業

務においても協力的なサポート体制をとり、人材の交流や専門職OBの派遣、海外や国内本部でのトレーニーの受け入れ等を積極的に行ってきたものです。

こうしたなか、とりわけ、外為事務部門においては、外為実務に精通していたベテラン行員の退職や他部署への人事異動等によって手薄な状況になったことにより、その補充として派遣社員やパート等の活用を進めてきています。

豊富な知識・経験を必要とする「外国為替業務」という特殊な業務において、それぞれの金融機関が永年の歴史のなかで培い、蓄積してきた外為ノウハウという貴重な知的技術・経験の継承が段々と失われてくるのではないかと著者の危惧するところです。

一方、地域金融機関では、1997年あたりから見られ始めた国際業務からの撤退や急速な業務の収縮、そして、その後の旧都市銀行を中心とした数々の合併劇を横目でみながらの「失われた10年」。

この間に、地域金融機関の取引先では、インターネットの拡大によって、外国と日本との間の距離的・時間的な障害が取り除かれ、経常的な貿易取引や外国に工場を設立して現地生産する等の資本取引の案件が急増してきていました。

しかしながら、多くの地域金融機関の経営者達のなかには、バブル崩壊の10数年前に手痛い経験をした記憶が鮮明に残っているために、国際・外為業務には消極的な姿勢を貫き、自行の多くの支店を「外為取扱店舗」から「外為取次店舗」へと転換し、永年、外為事務に携わってきた職員の配置転換、ついには、本部が各支店に割り振る「業績評価項目」のうち、「貿易取扱高」や「外為新規取引先の獲得件数」等の項目を削除していったのです。

結果として、「外為取次店舗」では取引先から持ち込まれる輸出のドキュメンツ等や輸入の信用状発行依頼書等の書類は決められた重要袋に入れて、国際部とか国際業務部等の外為事務を行っている本部に送るだけの作業になってしまい、その店舗に所属している職員達は外

為を理解する必要がなくなってしまいました。

　また、外為関連目標も「業績評価項目」からはずされたため、営業担当者は取引先に訪問しても外為の話をする機会すらなくなってしまったのです。

　つまり、国際・外為ビジネスは様々なリスクがあって、専門性を必要とするため、海外取引のノウハウや外為の知識・経験を持った人材が少ない地域金融機関では優先順位が低い業務であるといった認識のもと、メガバンクにお任せスタイルを決め込んできたのです。

　そんな地域金融機関の取引先はグローバル化に対応しなければ生き残っていけない切羽詰まった状況に置かれています。地域金融機関においても、これらの取引先に対して、少しでも顧客満足度を高められるように努力し、前向きにこれらの業務に挑戦していこうとする若い有能な職員を輩出することが急務になってきているように思われます。

contents

- はじめに
- 本題に入るまえに
- もくじ

第1編　外為与信のチェックポイント

第1章　貿易取引の流れでみる外為与信
1. 輸出取引 …………………………………………………… 12
2. 輸入取引 …………………………………………………… 16

第2章　外為取引種類別のチェックポイント
1. 輸出取引 …………………………………………………… 20

　①入札保証、契約履行保証、前受金返還保証等の
　　保証取引（保証状発行）……………………………… 20
　　　1. 保証取引の種類
　　　2. 保証料と保証解除
　　　3. 金融機関における取引約定書類
　　　4. 保証関連取引上の注意点

　②船積前金融としてのつなぎ融資、
　　輸出前貸融資等の融資実行…………………………… 23
　　　1. 船積前金融と船積後金融
　　　2. 船積前金融の輸出前貸融資、つなぎ融資
　　　3. 輸出前貸融資の採上げにあたっての注意点

　③船積後金融としての信用状付および
　　信用状なしの輸出荷為替手形の買取………………… 25
　　　1. 輸出船積後金融
　　　2. 荷為替手形買取にあたっての注意点
　　　3. 金融機関における取引約定書類

contents

2. 輸入取引 … 31

① 輸入信用状の発行 … 31
1. 信用状とは
2. 信用状統一規則（UCP600）と国際標準銀行実務（ISBP681）について
3. 荷為替信用状に関する統一規則および慣例（UCP600）に記載されている信用状の特質
4. 金融機関における約定書類

② 輸入荷物引取保証（L/G）および輸入担保荷物貸渡（T/R） … 36
1. 輸入荷物引取保証（L/G）
2. 輸入担保荷物貸渡（T/R）
3. 金融機関における約定書類

③ 輸入ユーザンスの種類 … 39
1. 2種類の輸入ユーザンス
2. 銀行ユーザンス
3. シッパーズ・ユーザンス

④ 「直跳ね」と「輸入跳ね返り金融」の実行 … 42
1. 「直跳ね」と「輸入跳ね返り金融」
2. 輸入跳ね返り金融の採上げにあたって注意すべきポイント

⑤ スタンドバイ信用状の発行 … 44
1. 現地銀行宛て借入保証としてのスタンドバイ信用状（Stand-by Credit）
2. スタンドバイ信用状案件の採上げにあたっての注意点
3. 金融機関における約定書類

⑥ 関税保証の発行 … 46
1. 海外向けの関税保証
2. 国内向けの関税保証
3. 金融機関における約定書類

3. 市場取引 … 48

① 対顧客外国為替相場について … 48
1. 対顧客外国為替相場

2．対顧客外国為替相場の種類と適用される取引
3．対顧客外国為替相場の体系（例示）
②先物為替予約と通貨オプション……………………………51
1．先物為替予約
2．通貨オプション
3．与信に対するリスク掛け目
4．金融機関における約定書類
5．先物為替予約期日の変更（繰上げと延長）と取消
③先物為替予約レートの決め方……………………………57
1．先物為替予約の実行日別の種類
2．先物為替予約相場の算出方法

第２編　外為営業実践活用法──「外為ビジネス研修」

第３章　若手・中堅クラス向けの「外為営業ロールプレーイング」

1．輸出編 …………………………………………………… 67
　事例１．新規開拓先からの外為情報の聞き出し
　　　　─輸出取引を有している企業─ …………… 67
　事例２．初めての輸出業務へのアドバイス
　　　　─外為法と輸出貿易管理令等─ …………… 71
　事例３．輸出代金の確実な回収方法……………………… 76
　事例４．輸出信用状付荷為替手形の買取と
　　　　被仕向送金の金融機関の手数料………………… 81
2．輸入編 …………………………………………………… 86
　事例１．新規開拓先からの外為情報の聞き出し
　　　　─輸入取引を有している企業─ …………… 86
　事例２．初めての輸入業務へのアドバイス
　　　　─外為法と輸入貿易管理令等─ …………… 92
　事例３．船荷証券の危機……………………………………… 96

contents

　　　事例4．輸入信用状取引と送金の金融機関の手数料
　　　　　……………………………………………………… 100
　3．その他 ……………………………………………… 106
　　　事例1．海外相手先の信用調査の方法……………… 106
　　　事例2．為替変動リスク軽減策……………………… 110

第4章　支店長クラス向けの「外為研修」
　1．与信行為と委任行為 ……………………………… 113
　2．与信発生の時系列的な管理 ……………………… 115
　3．金融機関における外為取引の収益機会 ………… 117

第5章　理解度テスト
　Exercise（初級編）…………………………………… 120
　Exercise（金融機関の収益編）……………………… 125

第1編

外為与信の
チェックポイント

米国ニューヨーク・ウォールストリートの強気の相場を象徴する Bull ブロンズ像（2000年2月撮影）。
2008年後半に突入した世界同時不況の経済回復が待ち遠しい。

第1章　貿易取引の流れでみる外為与信

1. 輸出取引

　貿易の一連の流れのなかで、輸出取引についての大まかな流れは以下のとおりになっています。金融機関がかかわる業務内容をもう少し掘り下げてみてみましょう。

輸出関連手続	取扱機関等
市場調査（取引相手先の発見・選定、信用調査等）	JETRO、金融機関、公的・民間コンサル会社やインターネットHP活用
輸出取引にあたっての条件交渉	JETRO、公的・民間コンサル会社等
輸出契約の締結	公的・民間コンサル会社や国内外の法律事務所
海貨業者／通関業者等の専門業者への連絡	金融機関等に信頼できる業者紹介依頼あり
輸出許可・承認等の該当の確認（輸出入許認可申請関連） →通関業者から電子情報システム（JETRAS）や通関システム（NACCS）によるアクセス可能	経済産業省および輸出対象商品等の管轄省庁および税関

1．輸出取引

| 輸入業者からの信用状入手
（正確には、輸入地の信用状発行銀行から日本の通知銀行宛てに送付される） | 金融機関
（信用状の通知銀行の立場） |

| 船会社（含む、航空会社）への船腹予約（Booking）の手配および船荷証券の発行 | 船会社／航空会社に直接手配、乙仲業者に依頼 |

| 保険会社への海上保険の予約および海上保険証券の発行
→輸出者はCIF（運賃保険料込み）条件やCIP（運送費保険料込み）条件等の場合には、保険手続を行う | 保険会社に直接手配、または、通関業者や海貨業者に依頼 |

| 船積書類の作成
（信用状条件に定められた書類と必要部数等） | 輸出者自ら作成、乙仲業者に作成代行依頼 |

| 保税地域への貨物の搬入 | 運送会社、倉庫会社、通関業者等に依頼 |

| 輸出通関（輸出貨物の審査・検査・申告・許可） | 税関によって審査される。乙仲業者に通関手続を依頼 |

| 港湾荷役・船積 | 運送会社、倉庫会社や乙仲業者に依頼 |

| 船積完了後、輸入者宛てに船積通知（Shipping Advice）をFAXやTELEXで送付 | 輸出者自身が輸入者に対して行う |

船荷証券（Bill of Lading）の入手	船会社から輸出者または乙仲業者が受領
信用状に基づく銀行買取書類作成	輸出者が作成または乙仲業者が作成代行
信用状取引の場合： 銀行に輸出荷為替手形および信用状条件に要求されている付属書類を持ち込み、買取を依頼（輸出代金の回収）	輸出者本人が金融機関に輸出手形の買取を依頼（買取銀行の立場）
信用状取引でない場合： 被仕向け送金を輸入者から受領（輸出代金の回収） または、 信用状なしD/P・D/A取引の場合やB/C（取立てベース）もある。	金融機関に保有している輸出者名義の口座宛てに送金受領（被仕向銀行の立場） また、D/P・D/A取引の場合は貿易保険付保手続も金融機関が関与する。

　あらためて、金融機関の役割を整理してみましょう。

　貿易取引においては、輸出側であっても輸入側であっても、取引する相手先が外国に所在しているのですから、個別の企業についてのクレジット・リスクだけの問題では済まず、相手国の政治・経済・金融市場の安定度等のカントリー・リスクにも多大な注意を払わないといけません。また、言語・考え方・商慣習等がまったく異なる相手先との取引であることから、お互いに合意した内容についての解釈相違等によって国際的なトラブルに巻き込まれる可能性もあります。

　こうした外国との難しい障害を乗り越えて円滑な貿易取引を行うためには、中小企業の経営者達は日頃から金融機関とは何でも相談できる良好な関係を保つことが必要になってきます。

　また、金融機関側においても日々、貿易取引に関する知識やノウハウの蓄積を図りながら、取引先から持ち込まれる相談事や悩み事に対

しては親身になってアドバイスを行うなり、誠意ある対応をすることが求められているのです。

まず、輸出取引において金融機関がかかわる業務としては、次の事項が考えられます。

- 相手方の信用調査（Bank Reference）やDun Reportサービス等の調査機関への取次ぎ。
- 乙仲業者や倉庫会社等の物流全般、通関業務や必要書類の作成代行等を業務とする企業の紹介（銀行のサービスとして該当する企業があれば）。
- 各種保証状（契約履行保証等）の発行。
- 「船積前金融」としてのつなぎ融資や輸出前貸等の生産・集荷資金の融資に絡む金融。
- 「船積後金融」としての信用状取引に基づく輸出荷為替手形の買取等。
- 被仕向送金の受領に伴う通知・入金業務、信用状の有無にかかわらず船積書類を伴うドキュメンタリー取引や取立取引（B/C：Bills for Collection）の取扱い。
- 外貨建ての場合には、「為替変動リスク」の軽減を目的とした為替ヘッジ取引。

2. 輸入取引

　次に、輸入取引についての大まかな流れは以下のとおりになっています。金融機関がかかわる業務内容を、もう少し掘り下げてみていきましょう。

輸入関連手続	取扱機関等
市場調査（取引相手先の発見・選定、信用調査等）	JETRO、金融機関、多数の公的・民間コンサル会社やインターネットHP活用
↓	
輸入取引にあたっての条件交渉	JETRO、多数の公的・民間コンサル会社等
↓	
売買契約書の締結	公的・民間コンサル会社や国内外の法律事務所等
↓	
外国為替及び外国貿易法、関連法規制の許認可該当の確認	経済産業省および輸入商品等の管轄省庁および税関等
↓	
輸入信用状の発行依頼	輸入者本人が取引金融機関に依頼（金融機関は信用状発行銀行の立場）
↓	
乙仲業者等の専門業者への連絡	金融機関等に信頼できる業者紹介依頼あり
↓	

2．輸入取引

| 海上保険の契約 | 保険会社に直接手配、または乙仲業者に依頼（FOBやFCA条件等、輸入者が海上保険を付保する場合） |

| 船会社（含む、航空会社）への船腹手配 | 船会社／航空会社に直接手配、または乙仲業者に依頼 |

| 輸入者は輸出者から船積完了後に船積通知（Shipping Advice）受領
船会社から貨物の到着案内（Arrival Notice）受領 | 輸出者から直接FAXかTELEXで入電
船会社から本船入港予定日等の通知あり |

| 信用状発行銀行から書類の到着通知を受領（書類到着案内）

輸出地の金融機関から船積書類が未着で、輸入貨物が指定した港にすでに到着している場合には輸入貨物引取保証状（L/G）を船会社宛てに差し入れる「保証渡し」の形態もある。 | 金融機関

（信用状の発行銀行の立場）

（船会社宛てのL/Gを発行する場合は、金融機関は、連帯保証人の立場） |

| 信用状の場合：
信用状条件に合致していれば、輸入代金の決済、輸入書類受領

2007年7月1日発効の荷為替信用状に関する統一規則および慣例（UCP600）第16条d項により、信用状条件と輸出地の銀行から受領した荷為替手形および船積書類との間で瑕疵（ディスクレパンシー）がある場合には、書類呈示日の翌日から起算して第5銀行営業日の終了よりも遅れることなく、買取拒絶を通告することが規定されている。 | 金融機関
（信用状の発行銀行の立場）

信用状取引の特質である「独立抽象性の原則」、および「書類取引の原則」 |

17

信用状でない場合： ・海外向け仕向送金の実行 ・信用状なし輸入手形（B/C）	金融機関 ・仕向銀行の立場 ・取立統一規則による取扱い

船会社に船荷証券（B/L）を提出し、引換えに、荷渡指図書（D/O：Delivery Order）を入手し、船長、または船内荷役業者に引渡し、貨物の荷渡し完了	輸入者から乙仲業者に手続を依頼

保税地域への搬入 保税地域の種類は現在5種類あり、①指定保税地域、②保税蔵置場、③保税工場、④保税展示場、⑤総合保税地域。それぞれに保税のための用途や保税地域内での加工・作業内容の制約があり、また保税期間等が異なって定められている。 なお、①指定保税地域だけが財務大臣が指定したもので、後の②～⑤については税関長の許可によるもの。	乙仲業者に依頼

輸入通関手続 税関に「輸入申告」をして許可を受けることが必要で、税関では必要に応じて、現品の検査や審査を行うことがある。	乙仲業者に依頼

2. 輸入取引

関税・消費税納付（NACCS口座振替による支払）	金融機関
通関情報処理システム（NACCS）は、通関手続きを迅速かつ的確に処理するために稼動した電算処理システムで、航空貨物通関情報処理システム（Air-NACCS）と海上貨物通関情報処理システム（Sea-NACCS）がある。	輸入者本人（金融機関での専用口座からの引き落とし方法もある）

消費者の手元へ	物流関連会社から消費者に渡る

次に、輸入取引において金融機関がかかわる業務としては、次の事項が考えられます。

- 相手方の信用調査（Bank Reference）やDun Reportサービス等の調査機関への取次ぎ。
- 乙仲業者や倉庫会社等の物流全般、通関業務や必要書類の作成代行等を業務とする企業の紹介（銀行のサービスとして該当する企業があれば）。
- 信用状の発行や条件変更通知状（Notice of Amendment）の発行。
- 輸入ユーザンスとして、外貨建で支払猶予を行う本邦ローンや外銀ユーザンス、あるいは、円貨金融としての跳返り金融等。
- 海外向け仕向送金の実行、取立取引（B/C：Bill for Collection）による取扱い。
- 船会社からの荷物引取にあたって、輸入担保荷物貸渡し（T/R）や輸入荷物引取保証（L/G）の発行。
- 外貨建の場合には、「為替変動リスク」の軽減を目的とした為替ヘッジ取引。
- 輸入通関後に輸入者が支払うべき関税や消費税の専用引き落とし口座としてSea-NACCS（海上貨物の場合）やAir-NACCS（航空貨物の場合）口座の開設・税関宛てに差し入れる関税延納保証の発行等。

第2章　外為取引種類別のチェックポイント

輸出・輸入の貿易取引の一連の流れのなかで金融機関にとって対顧客への「与信」となる取引内容とポイントについてみていきましょう。

1. 輸出取引

1．入札保証、契約履行保証、前受金返還保証等の保証取引（保証状発行）

① 保証取引の種類
② 保証料と保証解除
③ 金融機関における取引約定書類
④ 保証関連取引上の注意点

1　保証取引の種類

大口の国際プロジェクト案件や長期延払い工事案件等の特殊な取引について、各種の取引用途に応じて金融機関が取引先の発行依頼に基づいて、受益者向けに保証状（bond）を発行するものです。

(ア)　入札保証（Bid Bond）

大口の国際プラント案件等の契約が競争入札制によって行われる場合に、参加者が発注者から提出を要求されるもので、参加者は正当に入札を行ったものであること、また落札した場合には、本契約の締結

に応じることを保証するものです。

Bid Bond の金額は、入札金額の 5 ～ 10％程度が一般的です。

万一、落札した参加者が契約の締結を拒否した場合には、差し入れた保証金は没収されます。最初から案件や工事を請け負う意思がないにもかかわらず、入札金額の引下げを狙ったり、他社の落札を妨害したりする悪質な業者の排除を行うことが目的の 1 つになっています。

(イ) **契約履行保証（Performance Bond）**

大型機械・設備等の国際プラント案件や海外工事案件等で落札した参加者に対して、契約条件に従って、契約を確実に履行することを保証するものです。

Performance Bond の金額は、契約金額の 5 ～ 20％程度が一般的です。

万一、落札した契約者が契約条件に違反して履行しなかった場合には契約金額の一定金額までの違約金を支払うことを約束した保証状です。

(ウ) **前受金返還保証（Refundment Bond）**

長期にわたる、大口の国際プラント案件や海外工事案件等で、発注者から前払金を契約者宛てに支払われるケースが多くみられます。

もし、途中で契約者が契約不履行を行った場合、海外の発注者は支払済みの前払金の返還を契約者に求めることになりますが、返還しない場合には、前払金相当額の Refundment Bond によって金融機関が発注者に対して支払義務を負うことになります。

2 保証料と保証解除

これらの 3 種類の銀行保証状を発行する場合の保証料率は、通常、年率 1.0 ～ 1.5％程度と定めている金融機関が多く、保証状の発行依頼人の信用力、企業体力、技術力、過去における国際案件の請負実績や対象となるプラント・工事案件の金額、期間、相手国や発注者等を勘案しながら、慎重な採上げ検討を行うことが必要となります。

また、これらの Bond の保証期限については、原則、Bond 原本の

回収をもって保証解除とみなすと定めている金融機関が多く、国際的なプロジェクトともなれば、国によって、商慣習も考え方も大きく異なりますから、Bond の原本回収が困難になってきます。

このように「保証（Bond）」は融資取引のように資金を顧客に貸し付けて、期日になれば、回収すればよいというものではなく、延払い案件や工事案件等でみられるように極めて長期間にわたることが多く、すでに Bond の有効期限が過ぎている保証状であっても、後日になって一部の契約不履行を理由に弁済を要求してくるケースもみられるので慎重な対応が求められます。

③ 金融機関における取引約定書類

これらの保証取引を金融機関が取扱う際に、取引先との間で取り交わすべき取引約定書類として、次のものがあげられます。

㈎ 銀行取引約定書

金融機関が顧客と与信取引を行う時は、与信取引の基本約定書である銀行取引約定書（または「基本約定書」ともいう）がありますが、2000年4月に全国銀行協会（全銀協）による銀行取引約定書ひな型の制定がとりやめになりました。

現在は、各金融機関が独自に従来の全銀協ひな型に改定を加えて、今までのように取引先が金融機関に対して一方的な「差入れ方式」であったのを改めて、「双方署名捺印方式」等に変更したりしています。

また同時に、銀行取引約定書の適用範囲を「保証取引」、または「支払承諾取引（保証委託取引）」や「デリバティブ取引」等と明確化したものを使用している金融機関も多くみられます。

そして、「保証取引」や「支払承諾取引（保証委託取引）」等の取引については、銀行取引約定書を補完するための付属約定書として支払承諾約定書等を別途取り交わす方法がとられています。

㈏ 支払承諾約定書

これは、顧客が第三者に対して負担する各種の債務について、金融

機関が保証する際に顧客との間で双方署名捺印を取り交わすもので、国内取引および海外取引に共通して適用される約定書です。

4 保証関連取引上の注意点

これらの輸出関連保証の発行から始まって次々と取引が広がってきます。まず、対象となる長期延払い輸出案件が落札されて、契約締結に至った場合には、輸出する商品の製造資金や集荷資金を供与する「輸出前貸融資」が発生する可能性があります。

さらに、その後、輸出する商品の船積が完了すれば、輸出荷為替手形の買取、そして、この輸出取引の建値が外貨建の場合であれば、為替変動リスクを軽減するための先物為替予約等の締結等、次々と一連の輸出取引が進む過程において後続する与信取引が発生してきます。

これを「後段与信」と呼び、まず、顧客から入札保証（Bid Bond）発行の採上げ依頼があった最初の段階において、本格的に輸出延払い契約に至った場合を想定して、ピーク時の与信総額が顧客の企業体力に比べて過大なものにならないかを考慮しておく必要があります。

2．船積前金融としてのつなぎ融資、輸出前貸融資等の融資実行

POINT

① 船積前金融と船積後金融
② 船積前金融の輸出前貸融資、つなぎ融資
③ 輸出前貸融資の採上げにあたっての注意点

1 船積前金融と船積後金融

輸出取引に絡む金融には、輸出される商品の発注から船積までの間に必要とされる製造・加工・集荷資金等を金融機関が輸出者に対して

融資する「船積前金融」（輸出船積に至るまでの金融）と輸出荷為替手形の買取を主体とする「船積後金融」の2つに大別されます。

2 船積前金融の輸出前貸融資、つなぎ融資

「船積前金融」の代表的な形態には、金融機関が中小企業から融資案件として採上げる「輸出前貸」があります。

これは輸出者が輸出するに際して、国内メーカー等から商品の仕入れを行うための集荷資金や製造資金を、金融機関から借り入れる融資の一形態であり、個別に借入人が約束手形を金融機関に差し入れる手形貸付形態が一般的です。

また、散発的に複数の融資が発生する可能性がある場合等には、金融機関はその借入人の信用度に応じて、あらかじめ、ある一定の金額限度（極度額）を設定しておいて、その範囲内で輸出者が小切手を振り出すことで随時、融資を受けられる当座貸越形態もあります。

この返済原資は、借入人である輸出者が商品を船積して、船会社から受け取った船荷証券、その他の付属書類と輸出者自身が振り出した荷為替手形を取引金融機関（輸出前貸の借り入れ金融機関）に買取のために持ち込んで受領した、輸出代金の全額またはその一部となります。

一方、「つなぎ融資」という形態は、日本の輸出者と海外の輸入者間での商品売買契約が成立する前に見込み生産等に入る場合に利用されるもので、商品売買契約が確実に締結されることを確認する必要があります。

3 輸出前貸融資の採上げにあたっての注意点

輸出前貸融資の実行にあたっては、その取扱いは国内単名手形貸付と変わりはなく、借入れ依頼人（輸出者本人）の業態把握、資金繰りや実資力等をみながら適切な判断を行うこととなり、国内与信の採上げの時と同様ですが、以下のような外為取引に特有のチェックポイン

トにも十分な注意を払うことが必要になってきます。

- 輸出契約自体が適正なものか、また相手方の輸入者の信用状態の確認。
- 受領した信用状の発行銀行の信用状態と信用状自体の真正性確認。
- 国内仕入先との契約内容の妥当性と仕入先の信用状態の確認。

3．船積後金融としての信用状付および信用状なしの輸出荷為替手形の買取

POINT
① 輸出船積後金融
② 荷為替手形買取にあたっての注意点
③ 金融機関における取引約定書類

1 輸出船積後金融

「船積後金融」とは、輸出荷為替手形、または手形なしの輸出書類の買取をさします。

つまり、輸出者が販売代金の回収のために自らが振出人となって振り出す輸出為替手形を付属書類と一緒に金融機関に持って行って、それらの買取を金融機関に依頼するもので、金融機関では「商業手形割引」と同様の与信とみなしています。

この輸出荷為替手形の買取にあたっては、輸入地の金融機関が発行した信用状付の買取と信用状なしの買取の方法が考えられます。

㋐ 信用状付荷為替手形の買取

信用状付の輸出荷為替手形の買取（手形のない場合もあります）は、輸入地の銀行が輸入者の依頼に基づいて発行する取消不能信用状の条件に合致した荷為替手形および付属船積書類を輸出者がその取引金融機関である買取または支払金融機関に呈示して対価を受け取るもので

す。

　信用状とは、信用状条件に一致した書類の呈示に対し、発行銀行が支払を確約しているものであり、その主な特徴は「書類取引の原則」(注1)および「独立抽象性の原則」(注2)といわれています。

　そのため、輸出者および輸出地の金融機関にとっては、支払能力に懸念のない金融機関が支払確約している信用状を受け取ることが重要になってきます。

　もし、信用状の発行銀行の所在地において政情不安が起こっている場合や発行金融機関自体の信用状態に不安がある場合等には、欧米の優良金融機関や日本のメガバンク等に「信用状の確認」(注3)を加えてもらうことによって、信用状自体の信用力を高める方法もあります。

　このような信用状のことを確認信用状（Confirmed Letter of Credit）といいます。

(イ) 信用状なし荷為替手形の買取

　信用状なしの輸出荷為替手形の買取には、D/P手形の買取とD/A手形の買取があります。

　D/Pとは、輸入地のコルレス銀行が輸出地の銀行から送付されてきた荷為替手形を輸入者に呈示、輸入代金の支払い（決済）と引換えに、添付されている船積書類を引き渡す取扱いで、「支払渡し」{D/P（Documents against Payment)｝といいます。一般的に、一覧払い（At sight）手形が使用されます。

　D/Aとは、輸入地のコルレス銀行が輸出地の銀行から送付されてきた荷為替手形を輸入者に呈示のうえ、"引受け"すなわち、輸入者による手形の期日支払を確約させた後、添付されている船積書類を引き渡す「引受渡し」（D/A：Documents against Acceptance）のことをいいます。

　この場合の手形はユーザンス手形（期限付手形）が使用されます。

　当然、これら信用状なしの輸出荷為替手形の買取は、信用状のような輸入地の銀行による支払確約が存在しないため、輸入者が輸入代金

を決済しないリスクが高くなります。

これらを填補するために輸出手形保険等の「貿易保険制度」を活用することで、輸入地における内乱等の非常リスクや輸入者の不払い等の信用リスクを軽減する方法もあります。

貿易保険は、2001年3月末までは当時の通商産業省(現経済産業省)が運営してきましたが、その後、2001年4月に独立行政法人日本貿易保険（Nippon Export and Investment Insurance "NEXI"）が引継ぎ、政府は再保険という形で関与し、信用力を補完しています。

主として、日本からの輸出取引において付保される「輸出手形保険」「中小企業輸出代金保険」「貿易一般保険」「輸出保証保険（ボンド保険）」のほか、日本への輸入取引では「前払輸入保険」等、取引種類や用途に応じた貿易保険を取り扱っています。

また、2005年4月からは貿易保険への民間保険会社の参入が開始され、主として、先進国向けの短期取引分野への民間による保険サービスの提供が拡大してきています。

２　荷為替手形買取にあたっての注意点

信用状付の輸出荷為替手形買取にあたっては、信用状という発行金融機関による支払確約がついているものの、信用状自体の偽造・変造等の犯罪が実際に発生している事例も散見されています。

万一、信用状発行銀行から支払を受けることができなかった場合には、荷為替手形の買取依頼人と買取金融機関との間で取り交わしている「外国向為替手形取引約定書」に基づいて、金融機関は買取依頼人に対して買戻債務の負担を求めることになりますので、買取依頼人の買戻能力等を十分に見極める必要があります。

信用状付の荷為替手形の買取にあたって注意すべき点としては、以下の点があげられます。

- 信用状は信用力に懸念のない金融機関が発行したもので、信用状自体が偽造・変造されたものでなく、真正なものであることの確認。
- 荷為替信用状に関する統一規則および慣例（UCP600）の適用文言が信用状面に記載されていることの確認。
- 信用状条件と買取時に呈示された荷為替手形および付属船積書類の間に瑕疵（ディスクレパンシー）がなく、すべての条件が一致している必要があること。

　信用状なしの輸出荷為替手形買取は、信用状という輸入地における信用状発行銀行の支払確約がないため、信用状付輸出荷為替手形の買取行為に比べて、リスクの高い与信になります。

　信用状なしの荷為替手形の買取にあたって注意すべき点としては、以下の点があげられます。

- 信用状なしの輸出荷為替手形の支払人は外国にいる輸入者（バイヤー）であり、十分な信用調査の実施。
- 輸出者と輸入者間で取り交わしている売買契約書を入念にチェックして、契約内容どおりの履行が必要。
- 輸入相手国の政治・経済や為替管理等のカントリーリスクに常に注意を払う。
- 「輸出手形保険」の付保等、貿易保険制度の活用。

　　「輸出手形保険」が填補するリスクは、大きく分けて手形関係人には責任がない不可抗力的なリスク（非常リスク）と支払人の責任により発生するリスク（信用リスク）があります。
　　金融機関が買い取った荷為替手形に記載された手形金額（保険価額）に95％の"付保率"を乗じて算出したものが"保険金額"であり、これが保険事故の発生で損失を受けた場合に、手形買取金融機関に支払われる保険金の最高限度額となります。ただし、保険料は荷為替手形買取依頼人が負担することになります。
　　この保険の被保険者は金融機関であり、輸出者が振り出した荷為替手形の買取日から起算して5営業日以内（発信主義）に買取金融機関は日本貿易保険（NEXI）にその通知を行うことが必要となります。
　　信用状なしのD/P、D/A手形だけではなく、信用状付荷為替手形の場合も利用できます。

　このように信用状なし荷為替手形買取についても、信用状付の場合

と同様に、「外国向為替手形取引約定書」に基づき、金融機関は買取依頼人に対して買戻債務の負担を求めることになります。

③ 金融機関における取引約定書類

これらの輸出荷為替手形および付属船積書類の買取にかかわる取引を金融機関が取扱うにあたり、顧客との間で取り交わすべき取引約定書類としては、次のものがあげられます。

(ア) 銀行取引約定書

金融機関が顧客と与信取引を行う時の基本約定書である銀行取引約定書（または「基本約定書」ともいう）です。

そして、「輸出荷為替手形取引」については、銀行取引約定書を補完するための付属約定書として「外国向為替手形取引約定書」を別途取り交わされています。

(イ) 外国向為替手形取引約定書

重要な約定書の1つなので、ぜひ一度、自行の約定書内容を熟読されることをおすすめします。

ⓐ 担保条項

金融機関は顧客から買い取った輸出為替の付帯荷物および付属書類を担保としている点。

ⓑ 買戻債務条項

輸出者は外国向為替手形の買取を受けた後、支払義務者による支払・引受・債務の確認が拒絶された場合等には、銀行の請求によって手形面記載の金額の買戻債務を負担し、直ちに弁済する旨の明記。

輸出荷為替手形の買取に関する取引だけであれば、これらの約定書類でよいのですが、もし、輸出取引建値が外貨建であり、為替変動リスクの軽減策として先物為替予約や通貨オプション等の取引もあわせて行う予定がある場合は、「先物外国為替取引約定書」や「選択権付き外国為替予約取引に関する約定書」（または「通貨オプション取引約定書」）等の取り交わしも事前に必要になってきますので、あらか

じめ、必要とされる約定書類をチェックしておくとよいでしょう。

(注1)「書類取引の原則」とは、信用状取引ではすべての関係当事者は、書類のみによって、信用状条件を充足しているか否かを判断するとされています。

(注2)「独立抽象性の原則」とは、信用状が売主と買主間の物品売買契約の内容に基づいていても、信用状がいったん発行されると、売買契約やそれに付随する各種契約等から完全に独立した別個の取引とされています。

(注3)「信用状の確認」とは、信用状発行銀行の支払確約に加え、輸出地等の金融機関がさらに支払確約し、信用補完するものです。信用状発行銀行の知名度・信用度等が低い場合に利用され、通常、信用状通知銀行が確認銀行となることが多いようです。

2. 輸入取引

1．輸入信用状の発行

> **POINT**
> ① 信用状とは
> ② 信用状統一規則（UCP600）と
>   国際標準銀行実務（ISBP681）について
> ③ 荷為替信用状に関する統一規則および慣例
>   （UCP600）に記載されている信用状の特質
> ④ 金融機関における約定書類

1 信用状とは

　外国との貿易取引において、物品の売主と買主の関係は通常、対等の立場であり、それらの物品売買契約の同時履行の要求に応えられる機能を有しているものが信用状（Letter of Credit：通常、L/C という）です。

　信用状は金融機関が発行する支払確約であり、輸出者（物品の売主）は商品を船積後、信用状条件に基づいた手形や書類を金融機関に持ち込むことで、すぐに輸出代金の回収ができます。また、輸入者（物品の買主）は、信用状条件と合致した手形と書類を確認後、輸入代金決済を行って貨物を引き取ります。こうして貿易取引は円滑に行われていくのです。このような機能をもった信用状は輸入者である取引先からの依頼に基づいて金融機関が発行することになり、その信用状に記載されているすべての条件に合致した荷為替手形と付属書類の提供と引換えに受益者に対して、信用状金額の支払を確約するものです。

その後、この支払確約を履行する信用状の発行金融機関は輸出地の金融機関に決済する代金を、信用状の発行依頼人である輸入者（取引先）に請求することになります。

　このため、信用状の発行の依頼があった当初の段階で、依頼人の与信面での検討を十分に行い、不安がある場合には追加で物的担保の差入れを求めたり、保証人の追加を求める等の十分な保全措置を講じておくことが必要になってきます。

　発行依頼人の信用状態の悪化や倒産等の場合には、信用状金額が全損となる最悪の事態も想定しておかなければならないでしょう。

　つまり、信用状の発行銀行は、信用状取引において「主たる債務者」であるため、書類が信用状条件に合致している限り、海外の手形買取銀行等からの代金決済の請求に関しては、発行依頼人の倒産等を理由に支払を拒むことはできません。

　したがって、金融機関が信用状を発行するということは、その依頼人である取引先（輸入者）に対する与信行為ですので、金融機関は信用状を発行してほしい旨の申し出を取引先から受けた場合には、与信取引先としての適格性、安全性、妥当性等々についての厳格な審査を行うことが求められます。

2　信用状統一規則（UCP600）と国際標準銀行実務（ISBP681）について

㋐　信用状統一規則（UCP600）

　正式名称は、「ICC 荷為替信用状に関する統一規則および慣例」（ICC Uniform Customs and Practice for Documentary Credits）ですが、一般的には、信用状統一規則と呼ばれています。

　これは第一次世界大戦終結後の1919年に創立された国際商業会議所（ICC：International Chamber of Commerce）が終戦後の経済復興で混乱を極めていた国際貿易において、信用状に関する金融機関の実務関連の問題を解決するための世界的なルールづくりを目的とした

ものであり、1933年に初めて取りまとめられました。

その後、第1回改訂は第二次世界大戦後の1951年に行われ、1961年、1974年、1983年、1993年と通信手段の発展、複合運送形態やコンテナ船等の出現もあって、ルールの見直し・改訂を行ってきています。

現在採択されている信用状統一規則は、「2007年改訂版荷為替信用状に関する統一規則および慣例（UCP600）」で2007年7月1日から発効しています。

(イ) 国際標準銀行実務（ISBP681）

正式名称は、「荷為替信用状に基づく書類点検に関する国際標準銀行実務」（International Standard Banking Practice |ISBP| for the examination of documents under documentary credits）です。

このISBPは荷為替信用状に関する国際商業会議所（ICC）による国際的な統一ルールである「ICC荷為替信用状に関する統一規則および慣例（UCP600）」の実務面における補足として必要不可欠なものです。

現在発効しているUCP600の第14条「書類点検の標準」d項では、「（船積）書類におけるデータは、信用状、その書類自体および国際標準銀行実務の文脈において読まれた場合には、その書類中のデータ、その他の規定された書類中のデータ、または信用状中のデータとまったく同じである必要はないが、それと食い違ってはならない。」（帝塚山大学飯田勝人教授訳、『国際標準銀行実務』（international standard banking practice））、と明記されています。

このようにISBPは信用状取引における「書類取引の原則」からみられるとおり、金融機関で行う書類点検に際して、省略語の使用、訂正または変更の認証方法、綴り相違やタイピング・エラーの取扱い方法等々の場合の標準的な実務面での解釈について述べています。

③ 荷為替信用状に関する統一規則および慣例（UCP600）に記載されている信用状の特質

現在の「ICC荷為替信用状に関する統一規則および慣例（UCP600）」、

第2条（定義）では、「信用状とは、いかなる名称が付され、または表示がなされているかを問わず、取消不能（撤回不能：irrevocable）であって……（以下省略）」のように"取消不能（irrevocable）"と限定明示されています。

第3条（解釈）においても、「信用状はたとえその趣旨の表示がない場合であっても取消不能（撤回不能：irrevocable）である」とされています。

また、第4条（信用状と契約）aでは、「信用状は、その性格上、信用状の基礎となることのできる売買契約その他の契約とは別個の取引である。たとえ、契約へのなんらかの言及が信用状に含まれている場合であっても、銀行は、このような契約とは無関係であり、またこのような契約によりなんら拘束されない。……」と明確に規定され、このことを「独立抽象性の原則」と呼んでいます。

第5条（書類と物品、サービスまたは履行）では、「銀行は、書類を取り扱うのであり、その書類が関係することのできる物品、サービスまたは履行を扱うのではない」と規定し、書類のみによる取引であることを明記しており、これを「書類取引の原則」と呼んでいます。

4 金融機関における約定書類

㋐ 銀行取引約定書

輸入信用状取引については、銀行取引約定書を補完するための付属約定書として「信用状取引約定書」等を取引先と金融機関の双方署名捺印方式で取り交わしている金融機関が多いようです。

㋑ 信用状取引約定書

この約定書は、信用状の発行依頼人と発行銀行との間に存在する信用状の発行から決済までの取引の法律的性質を、発行依頼人を委任者、発行銀行を受任者とする委任契約として構成し、発行銀行と発行依頼人との間における信用状取引に関する権利・義務等を定めています。各金融機関によって様式は異なりますが、ほとんどの金融機関では全

国銀行協会連合会（当時）が1988年に制定したひな型に準じた内容のものになっているようです。

特に、この信用状取引約定書のなかで重要と思われる点についてみてみましょう。

- 信用状とは、一定要件が充足されていることを条件として、輸入為替手形と引換えに、発行銀行が直接または間接に受益者等に対して支払を確約しているもの（第1条第1号）。
- 発行銀行が受益者等に負担する債務を「補償債務」と定義し、発行銀行がこの補償債務を負担しまたは履行した場合等に、発行依頼人が発行銀行に負担する債務を「償還債務」と定義すること（第1条第7号および第8号）。
- 付帯荷物および付属書類は発行銀行に対する譲渡担保であること（第3条第1項）。

(ウ) **輸入担保荷物保管に関する約定書**

信用状に基づいて発行銀行に仕向けられた船荷証券などの付属書類およびその付属書類に表示された付帯荷物は、信用状発行依頼契約によって、発行銀行が譲渡担保として所有権を有しています。しかし、発行依頼人が輸入為替の決済を行う前に、発行銀行がこの付属書類や付帯荷物を取引先に引き渡すことに同意することを輸入担保荷物貸渡（T/R）と呼んでいます。

この貸渡しに関する特約が「輸入担保荷物保管に関する約定書」です。この約定書に関しては各金融機関が独自に制定したものが使われています。

輸入信用状取引だけであれば、これらの約定書類が必要になりますが、もし、輸入決済代金が外貨建であり、為替変動リスクの軽減策として先物為替予約や通貨オプション等の取引を行う予定があるのであれば、輸出取引同様に、「先物外国為替取引約定書」や「選択権付き外国為替予約取引に関する約定書」等の取り交わしも事前に必要になります。

2. 輸入荷物引取保証（L/G）および
　　輸入担保荷物貸渡（T/R）

POINT
① 輸入荷物引取保証（L/G）
② 輸入担保荷物貸渡（T/R）
③ 金融機関における約定書類

1 輸入荷物引取保証（L/G）

　輸入貨物がすでに日本の指定した港に到着していて、貨物の引取を行う場合には船荷証券（B/L）の原本の呈示が必要です。
　しかし、信用状条件で定められた荷為替手形と船荷証券（B/L）を含む付属書類が、輸出地の手形買取金融機関から輸入地の信用状発行金融機関に到着していなければ、輸入者は船荷証券を入手できないため、貨物を引き取ることはできません。
　特に、輸入した貨物のなかには早く引き取らないと腐ったりして商品価値が劣化するおそれのある生鮮食料品や生花等の商品、販売先への納入期限が迫っているものがあるような場合には、輸入者と取引金融機関が発行する保証状を船会社に差し入れることによって、船会社は輸入者に貨物を引き渡してくれる便宜的な制度があります。
　これを輸入荷物引取保証（L/G：Letter of Guarantee）といい、金融機関はこの保証状に連帯保証人として署名することによって、船会社に対して後日発生するかもしれない損害補償および船荷証券（B/L）原本を船会社宛てに引き渡す義務を負うことになるのです。
　信用状付輸入取引においては、本来、信用状の発行に伴って発生した輸入者に対する与信残高（信用状発行金額）は、輸入代金の決済によって消滅します。
　しかし、このL/Gを金融機関が発行するという行為は、輸入代金

の決済前に、船会社に対して輸入信用状の金額とほぼ同額の保証残高が新たに発生することになり、金融機関にとっては二重の保証与信残高を計上していることに等しいのです。

また、L/Gの特徴としては、保証債務金額の限度もなく、保証期限もない保証状であることがあげられます。

すなわち、L/Gの保証金額の目途は、通常、輸入通関にあたって、プロフォーマ・インボイス（見積送り状：Proforma Invoice）の金額とみられていますが、船会社から請求される損害金や諸チャージが加算される可能性が高く、また、保証期限はL/Gには明記されません。したがって、船荷証券原本を船会社宛てに提出してL/Gの解除を行う日まで与信残高が残ることになります。

さらに重要なことは、L/Gによって荷物を引き取った後に、輸出先の銀行から日本の取引金融機関に荷為替手形および付属書類が到着し、付属書類と信用状条件をチェックしたところ、条件不一致（ディスクレパンシー）が発見されても支払拒絶は困難であることを輸入者に十分理解してもらっておくことです。

信用状条件に不一致が認められて支払拒絶を行う場合には、船荷証券（B/L）は最終的には輸出者に返却することになりますが、輸出者は同時に船会社に対して貨物引渡し請求を行うでしょう。

こうなるとL/Gによる保証渡しで貨物をすでに輸入者に引き渡している船会社は、保証状（L/G）を差し入れた輸入者と連帯保証を行った金融機関に対して損害賠償金を請求してきます。

この損害賠償金は当然、インボイス価格より高くなるはずなので、L/G実行後の信用状条件のささいな不一致等を理由にした支払拒絶はかえって不利な状況になってしまうのです。

② 輸入担保荷物貸渡（T/R）

輸入担保荷物貸渡（T/R：Trust Receipt）とは、金融機関が輸入代金の決済を輸入者から受ける前に、輸入貨物の所有権や担保権等の

の権利を金融機関が留保したまま、輸入者に貨物の引渡し、倉入れ、売却等を認める行為です。

この貸渡は信用状発行金融機関の指定によって、次のいずれかの方式で行われています。

(ア) 甲号方式（または、単に T/R）

発行銀行は輸入者に対して、貨物の陸揚げ、通関から売り先への売却までを行う権限を与えるものです。

(イ) 丙号方式（または、Airway T/R）

上述の甲号方式とは異なる分類であり、航空貨物運送状（Airway Bill）の荷受人（consignee）となっている信用状発行金融機関が航空会社に対して、Release Order（貨物引渡し指図書）を発行し、代金決済前に実際の輸入者に貨物を引き渡す方式で、「Airway T/R」と呼ばれています。

特に、この丙号 T/R は、輸入荷物引取保証（L/G）と同様に船積書類が輸出地の金融機関から未着の場合に発生するものであり、後日船積書類が到着して信用状条件とのささいな不一致が発見されても、条件不一致（ディスクレパンシー）を理由に支払拒絶は困難なので注意が必要です。

アジアの近隣諸国から到着した海上貨物（沖縄・那覇港で荷揚げされたコンテナ　2009年1月撮影）。

航空貨物の場合は、丙号 T/R（Airway T/R）が利用されています（羽田空港ターミナルにて2009年1月撮影）。

※その他に、乙号方式がありますが、これは発行銀行は輸入者に対して、貨物の陸揚げ、通関、付保、運搬および発行銀行指定の倉庫への倉入れまでを認めるが、売却までの権限は与えず、単に、貨物を貸すだけで、売却の場合は都度、発行銀行の承諾を必要とする方式です。ただし、この方式は1960年頃までは存在していたようですが、現在では行われていません。

③ 金融機関における約定書類

これら輸入取引において輸入荷物引取保証（L/G）や輸入担保荷物貸渡（T/R）の取引が発生すると予想される時には、輸入者から、あらかじめ国内の売り先との間で結んでいる売買契約書等で、販売代金回収方法を確認できる資料の提供を求めることが望ましいでしょう。

その場合に取り交わしが必要となる約定書の種類は、㈎「銀行取引約定書」、㈏「信用状取引約定書」、㈐「輸入担保荷物保管に関する約定書」等があります。

3．輸入ユーザンスの種類

POINT
① 2種類の輸入ユーザンス
② 銀行ユーザンス
　ア　邦銀ユーザンス（本邦ローン方式）
　イ　外銀ユーザンス（アクセプタンス方式）
③ シッパーズ・ユーザンス

① 2種類の輸入ユーザンス

一般的に、輸入取引は輸出取引に比べて、貨物の引取り時点から国内販売先への納品後に受領する売上代金の回収時点までの期間が長いため、輸入者はより潤沢な資金力を必要とされるといわれています。

また、それだけに金融機関にとっては、輸入金融に要する期間が長くなるために、輸入与信のほうが輸出与信に比べて管理が難しいといわれるゆえんでもあります。
　仮に、輸入者の手元に資金余力が十分ある場合は、第三者からユーザンス（支払猶予）等を受ける必要はなく、その場で輸入代金の決済を行って船積書類を入手・貨物の荷揚げを行い、国内販売先に売却して売上代金の回収を行うことができます。
　しかし、もし、輸入者の手元に十分な資金が確保されていないような場合には、輸入者は輸入代金の決済を国内販売先からの代金回収を行うまでの期間、支払を猶予してもらう等の措置を講じる必要があります。
　このように輸入者が輸入代金の決済を将来の一定期間にわたって猶予してもらう金融を「輸入ユーザンス」と呼んでいます。
　ユーザンスの相手方が邦銀や外国の銀行である場合には、「銀行ユーザンス」と呼び、もし、支払猶予に応じてくれる相手方がこの取引の輸出者である場合には、「シッパーズ・ユーザンス」と呼んで大別しています。

② 銀行ユーザンス

　銀行ユーザンスは、その資金調達方法によって本邦ローン方式、アクセプタンス方式、リファイナンス方式の3通りに区分されますが、最近では本邦ローン方式が代表的で、リファイナンス方式はほとんど利用されていないようです。

(ア) 邦銀ユーザンス（本邦ローン方式）

　この方式は輸入ユーザンスのなかで最も代表的なものです。
　信用状付輸入取引を例にとれば、信用状発行銀行は輸出者が振り出した一覧払（At Sight）為替手形の対外決済を行いますが、輸入者に対してすぐに支払いを求めないで、輸入者が輸入貨物を売り先に販売後、代金回収を行うまでの期間、外貨建期限付き約束手形を振出させ

て輸入代金の決済を手形期日まで猶予するものです。

　この本邦ローン方式はL/Cベースの他に、L/CなしのD/P・D/A手形を対外決済した後、輸入者に対して外貨建手形で融資する場合や、輸入貨物代金だけでなく輸入に係る運賃や保険料を自行が立て替えて支払い、後日、輸入者に請求する「運賃ユーザンス（Freight Usance）」もあります。

(イ)　外銀ユーザンス（アクセプタンス方式）

　外銀ユーザンスは信用の供与者が外国の銀行となっているものであり、戦後、日本の手持ち外貨が少なかったために、米国系銀行を中心にアクセプタンス方式やリファイナンス方式で輸入金融をまかなってきたものです。

　最近では、ほとんど利用のケースがみられなくなったアクセプタンス方式やリファイナンス方式ですが、その資金調達の概念（すなわち、手形引受市場におけるB/Aレート（Banker's Acceptance Rate）による米ドルの資金調達方法）は貿易ファイナンスの伝統的な基本形として、各種の貿易ファイナンスの金利設定にあたっての基準金利として引き継がれてきています。

　今や、日本の金融機関はB/A市場に限らず、世界中のどのような市場からでも米ドル資金の取入れができる状況になってきています。

　こうしたなか、自行（邦銀）ユーザンスである本邦ローン方式の適用基準金利は、いまだにB/Aレート（米国での手形引受レート）とされているのが一般的であり、米ドルコール市場におけるOffered Rateではない点が注目されます。

③　シッパーズ・ユーザンス

　輸出者（shipper）が輸入者に対して支払を猶予するもので、輸出者が期限付き（usance）為替手形を振り出して、輸入者に対して手形決済の猶予を与える方法と後払送金の形態にする方法があります。

　このシッパーズ・ユーザンスを受ける輸入者に対しては、金融機関

からみれば与信業務には該当しません。

後払い仕向送金の形態や取立手形（Bill for Collection：B/C）の形態であれば、「委任業務」となります。

すなわち、輸出地の金融機関（仕向金融機関）から代金取立の依頼を受けた取立金融機関は取立指図書に基づいて輸入者から手形決済、または支払引受を取り付けるのであり、「善良なる管理者」としての注意義務（善管注意義務）を金融機関は求められることになります。

4.「直跳ね」と「輸入跳ね返り金融」の実行

POINT
① 「直跳ね」と「輸入跳ね返り金融」
② 輸入跳ね返り金融の採上げにあたって
注意すべきポイント

1 「直跳ね」と「輸入跳ね返り金融」

輸入者が、輸入手形の決済に際して手元資金が不足しているために、円資金を金融機関が融資する方法です。

輸入者が一覧払の外貨建輸入手形を決済する場合に、初めから円資金で輸入者に対して金融機関が融資を行う方式を「直跳ね」（「じきはね」、または、「ちょくはね」）と呼びます。

この方式による「輸入手形決済円資金融資」は、輸入者が金融機関に対して、約束手形（単名手形）を振り出し、差入れを行う手形貸付方式です。

一方、輸入ユーザンス手形の期日になっても販売代金の回収ができなかったり、販売先からの受取手形の期日が輸入ユーザンス手形の期日より後になっている場合には、販売代金の回収ができるまでの期間は円資金融資に切り替えたりする方式を「輸入跳ね返り金融」といい

ます。

　輸入ユーザンス手形期日に手形決済ができない場合等に利用され、輸入者が約束手形（単名手形）を金融機関に差し入れる「跳ね単」（跳ね返り単名手形）と呼ばれる手形貸付方式と、売り先から回収した商業手形の割引を行う「跳ね商」（跳ね返り商業手形割引）と呼ばれる商手割引方式の2つの方法があります。

　いずれも輸出入の貿易金融の範疇からはずれて、国内融資として計数管理をしている金融機関が多いようです。

② 輸入跳ね返り金融の採上げにあたって 注意すべきポイント

　跳ね返り融資の場合、売り先から回収した商業手形の割引になるのか、それとも輸入者によって振り出される単名手形貸付になるのかによって、複名与信か単名与信かの与信度合いに違いが生じてきます。輸入信用状の発行前に事前に国内販売先との販売契約書写し等の提出を求め、十分に調査しておかなければ、売り先から回収した販売代金（返済原資）を他に流用されてしまう危険性もあります。

　さらに、輸入者の信用状態によっては、「直跳ね」の単名手形貸付を認める場合には、国内販売先からの代金回収手形を入手後、直ちに譲渡担保として金融機関に差入れてもらう条件を付けることも、保全上必要な措置であり、こうした手形のことを「T/R見返り手形（T/Rマージン）」と呼んでいます。

　しかし、最近ではこのように輸入案件紐付きでの担保手形管理を行っている金融機関は少なくなっているようです。

　国内販売先との間で締結している売買契約書の支払条件欄には「納品月の末日締め、翌月20日、一覧後60日払いの約束手形にて支払い」等と記載されていますので、金融機関としては、売り先から売掛手形を回収できる時期を容易に掌握することができるのです。

　しかし、最近は手形の流通が大幅に減少して、銀行振込の形態に変

化してきており、金融機関にとっては輸入者の販売代金の回収状況の把握が難しくなってきているのも事実です。

　それだけに金融機関にとっては、信用リスクの高い輸入者に対しては、日々の取引仕振りに注意して、販売代金の流用を防止する等、顧客の与信管理には十分な注意を払わなければなりません。

5．スタンドバイ信用状の発行

> **POINT**
> ① 現地銀行宛て借入保証としてのスタンドバイ信用状（Stand-by Credit）
> ② スタンドバイ信用状案件の採上げにあたっての注意点
> ③ 金融機関における約定書類

1 現地銀行宛て借入保証としてのスタンドバイ信用状（Stand-by Credit）

　スタンドバイ信用状（Stand-by Credit）とは、自行の取引先の依頼に基づいて、その取引先の海外支店や現地法人が海外の地場銀行から信用状の発行や現地借り等の与信供与を受ける際に、日本の本社・親会社の依頼によって、日本の取引金融機関が海外の現地銀行を受益者として発行する信用状をさします。

　このスタンドバイ信用状は海外のコルレス銀行であるからといって、どの銀行宛てにでも発行できるものではありません。

　あらかじめ、日本の金融機関と現地側のコルレス銀行との間で、スタンドバイ信用状に関する契約を締結しておく必要があり、相手方のコルレス銀行からみれば、スタンドバイ信用状の発行者である日本の金融機関に対する与信取引であるため、場合によっては、キャッシュ・

マージンとして預金等の担保を差し入れることを要求される場合もあります。もともと、貿易取引の際に利用されるドキュメンタリー信用状とは異なって、船荷証券を含む船積書類等の添付を条件としていません。受益者（信用を供与する現地側銀行）が信用供与した相手側に債務不履行等のデフォルトが発生した場合には、スタンドバイ信用状の発行銀行（日本の取引金融機関）に支払請求できる信用状のことなのです。

輸入信用状が船積書類等を伴うのに対して、スタンドバイ信用状は船積書類等を伴わない信用状です。

2 スタンドバイ信用状案件の採上げにあたっての注意点

このスタンドバイ信用状の採上げにあたっては、外国金融機関（コルレス銀行）が日本の金融機関との間でコルレス契約を締結しており、かつ、一定の与信取引に対するクレジット・ラインを設定してもらっていることが前提です。

もし、取引先から現地銀行宛てにスタンドバイ信用状を発行してほしいとの依頼があった場合は、その取引先に対する保証行為であることから、依頼人の業態判断・資金繰りや実資力等だけではなく、現地における借入人の業況把握、資金使途、返済・売上計画等々の慎重な与信判断が必要であることは言うまでもありません。

最近では、アメリカを中心として貿易決済面で従来のドキュメンタリー信用状に代わって、銀行手数料等のコストが安価なスタンドバイ信用状の利用も増加しつつあり、国際商業会議所（ICC）が制定している「ICC荷為替信用状に関する統一規則および慣例（UCP600）」はこのスタンドバイ信用状にも適用されています。

3 金融機関における約定書類

あらかじめ取り交わしておく必要がある約定書の種類は、(ア)「銀行取引約定書」、(イ)「信用状取引約定書」、(ウ)「支払承諾約定書」等です。

6．関税保証の発行

POINT
① 海外向けの関税保証
② 国内向けの関税保証
③ 金融機関における約定書類

1　海外向けの関税保証

　海外向けの関税保証とは、外国での通関時に支払うべき税金を免除、あるいは、繰り延べる目的で積み立てられるもので、売却を目的としない個人使用等の商品についての一時的な輸出に際して、相手国の税関宛てに差し入れるものです。

　たとえば、海外の観光地等での映画のロケで持ち込む撮影機材等の場合で、その国内では売却しないこと、そして使用後は国外へ再輸出すること等を保証しているのです。

　また、商社やメーカー等に勤務している職員が主として開発途上国に海外勤務で赴任する場合等に、相手国の税関宛てに差し入れる保証状の場合もあります。

　ほかにも、1990年頃までに多くみられましたが、インドやスリランカ等に駐在のために赴任する職員が販売を目的とせず、自らの用途で使用することを目的として自動車を持ち込む場合に、金融機関が発行する保証状のことで、「Car Bond」とか「Custom's Bond」等と呼び、外為与信として取り扱われていました。

2　国内向けの関税保証

　国内向けの関税保証は、輸入者が税関に対して差し入れる保証状のことであり、国内与信として取り扱われています。

　つまり、輸入者が輸入貨物の申告価額に対する関税および消費税等

を税関宛てに確実に納付するにあたって、税関宛ての担保として金融機関の保証書を差し入れるものです。

なお、担保としては、国債や金融債等の債券等も認められていますが、関税等の金額に相当する比較的少額の保証でもあり、一般的に金融機関発行の保証状が利用されています。

これは、輸入貨物（まだ外国貨物の位置付け）の通関手続に関連して、「特例輸入申告制度」(注4)(2009年3月から名称変更)を適用する場合や「輸入許可前貨物の引取」(注5)を行う場合にも、輸入者は税関長に対して関税額に相当する担保を提供して承認を得ることになっています。

また、関税の納期限を消費税の納期限に合わせて納付を行う「納期限延長制度」の適用を受ける場合にも当該期間の税額に相当する担保を差し入れる必要があります。

③ 金融機関における約定書類

これら関税保証を金融機関が発行する場合には、あらかじめ支払承諾の与信枠を設定しておくことが必要です。

その場合に必要となる約定書の種類は、㈰銀行取引約定書、㈪信用状取引約定書、㈫輸入担保荷物保管に関する約定書および、㈬支払承諾約定書等です。

（注4）「特例輸入申告制度」とは、あらかじめ税関長の承認を受けている輸入者（特例輸入者という）が継続的に輸入しているものとして指定を受けた貨物について、法令順守の確保を条件に貨物の輸入引取を行った後、納税申告を行うことを可能にした制度。2009年2月までは簡易申告制度の名称でした。

（注5）「輸入許可前貨物の引取」とは、輸入貨物の輸入申告の後、輸入の許可が出る前に貨物を引き取る制度。

3. 市場取引

1. 対顧客外国為替相場について

> **POINT**
> ① 対顧客外国為替相場
> ② 対顧客外国為替相場の種類と適用される取引
> ③ 対顧客外国為替相場の体系

1 対顧客外国為替相場

　各金融機関が毎営業日の午前10時頃の米ドル相場を見ながら当日の米ドル仲値を決定（米ドル以外の通貨は10時半頃から11時頃にかけて決定）して公表する対顧客公表相場には、金融機関が取引先との間で、当日の輸出入決済等に適用する「直物相場（Spot Rate）」と、将来の輸出入決済のための先物為替予約等に適用する「先物相場（Forward Rate）」があります。

　そして、これらの相場には、金融機関が顧客から外貨を買う場合（輸出取引）の買相場（Buying Rate）と、顧客に外貨を売る場合（輸入取引）の売相場（Selling Rate）に区分されます。

　金融機関が取引先から依頼されて、海外に外貨を送金する（仕向送金）場合にはTTSレート（電信売相場：Telegraphic Transfer Selling Rate）を適用して、日本円から外貨に転換（円投という）します。また、逆に、海外から外貨が送られてきた（被仕向送金）場合にはTTBレート（電信買相場：Telegraphic Transfer Buying Rate）を適用して、受け取った外貨を日本円に転換（「円転」という）して、取引先の口座に入金します。

金融機関が取引先との間で、外貨の売買の際に適用するTTSやTTB等の相場を「小売価格」と考えれば、当然「卸売価格」が存在するわけです。この外貨という商品を卸売市場であるインターバンク市場で売買をすることになります。

インターバンク市場で取引される直物相場（Spot Rate）は通常、外国為替売買の対価の受渡日は2営業日後であり、一方、対顧客取引では適用相場による取引の対価の受渡日は当日中になります。

したがって、当日受渡しを行う対顧客適用相場である「小売価格」の決定にあたっては、対価の受渡しの関係上、インターバンク市場からの「卸売価格」に2営業日分のアメリカと日本の金利差を示すスワップ・コスト（Swap Cost）を加味して決定することになります。

2 対顧客外国為替相場の種類と適用される取引

次に、対顧客外国為替相場にはどのような種類の相場があって、どのような取引に適用されるのかをみていきましょう。

- TTS（電信売相場：Telegraphic Transfer Selling Rate）
  → 海外向け仕向送金、インパクトローンの返済時、トラベラーズ・チェック販売時、期限付輸入手形を期日に決済する時等。

- TTB（電信買相場：Telegraphic Transfer Buying Rate）
  → 海外からの被仕向送金、インパクトローンの円転時等。

- ACCレート（一覧払輸入手形決済相場：Acceptance Rate）
  → 信用状付一覧払輸入手形決済に適用。

- A/Sレート（一覧払輸出手形買相場：At Sight Buying Rate）
  → 信用状付一覧払輸出手形や外地払小切手の買取時に適用。

〈その他〉
- 信用状付ユーザンス手形買相場（Usance Bill Buying Rate）
  → 30～150日等のユーザンス手形の買取時に適用。

- 信用状なし輸出手形買相場
  （Without L/C Buying Rate）
  →信用状なしの D/P・D/A 手形の買取時に適用。

- 外貨現金売相場（Cash Selling Rate）
  →外国通貨の現金の販売時に適用。

- 外貨現金買相場（Cash Buying Rate）
  →外国通貨の現金の購入時に適用。

③　対顧客外国為替相場の体系（例示）

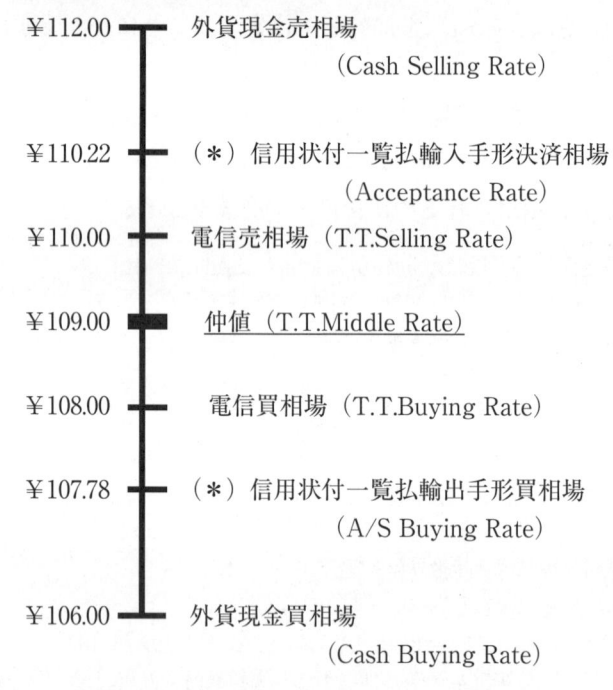

¥112.00 ── 外貨現金売相場
　　　　　　　　　（Cash Selling Rate）

¥110.22 ── （＊）信用状付一覧払輸入手形決済相場
　　　　　　　　　（Acceptance Rate）

¥110.00 ── 電信売相場（T.T.Selling Rate）

¥109.00 ── <u>仲値（T.T.Middle Rate）</u>

¥108.00 ── 電信買相場（T.T.Buying Rate）

¥107.78 ── （＊）信用状付一覧払輸出手形買相場
　　　　　　　　　（A/S Buying Rate）

¥106.00 ── 外貨現金買相場
　　　　　　　　　（Cash Buying Rate）

　このように米ドルは毎営業日の10時頃に決定される仲値（TTMレート）を中心として、メガバンクをはじめ、多くの金融機関では、TTSレートとTTBレートを上下1円ずつの幅で設定しています。
　しかし、その他の通貨については、各金融機関の外貨ポジションの

関係や営業戦略上の判断から、少しずつ為替売買幅が異なっています。

たとえば、メガバンク3行の2008年12月の対顧客為替相場をみれば、ユーロでは、片道の売買幅は1円40～50銭、豪州ドルでは2円～2円50銭と多少ではありますが、仲値（TTMレート）を中心に、その上下の為替売買幅を微妙に変化させています。

また、前頁の例示のなかの（＊）の表示がある信用状付一覧払輸入手形決済相場（Acceptance Rate）と信用状付一覧払輸出手形買相場（A/S Buying Rate）については、それぞれTTSレートとTTBレートを基準として、上下に手形や書類の郵送日数に相当する金利部分を相場に織り込んでおり、例示では22銭としています。

これは、メール期間立替金利（Maildays Interest）といって、信用状付輸出入取引の決済のために、手形や船積書類等を信用状発行銀行に送付した後、決済銀行で資金の付替え処理が完了するまでにかかる所要日数分の立替金利を為替相場に織り込んだものです。通常、米ドルであれば12日間の計算を行っており、ユーロや英ポンド等、各通貨ごとに標準郵便日数を決めています。

2．先物為替予約と通貨オプション

POINT
① 先物為替予約
② 通貨オプション
③ 与信に対するリスク掛け目
④ 金融機関における約定書類
⑤ 先物為替予約期日の変更（繰上げと延長）と取消

1 先物為替予約

先物為替予約とは、取引成約日から資金の受渡日が通常、3営業日

以降になる取引で、将来の一定の日または特定の期間内に、あらかじめ約定した一定の価格で外貨を売買することを約束する相対取引のことを指します。

　たとえば、輸出企業であれば2ヵ月先の8月21日にアメリカから米ドルを受け取る予定になっており、もし、現在の相場が採算レートを上回って採算を確定できると輸出企業が考えているのなら、取引金融機関との間で「輸出予約」（買い予約）を締結するのです。

　「輸出予約」の場合は、8月21日の確定日に金融機関は輸出企業から米ドルを買って、先物予約の締結時の約束した為替相場で円に転換して支払います。

　もし、アメリカから米ドルを受け取る日が8月21日という特定した日（確定日渡し）に限らず、8月1日から31日（暦月渡し）とか、8月20日から31日までの期間(特定期間渡し)という予定であるなら、その期間に合わせて先物予約の受渡しを設定することもできます。

　逆に、輸入企業であれば、1ヵ月先の7月11日とか7月中の特定期間に、米ドル建で輸入代金決済の予定があるとすれば、取引金融機関との間で「輸入予約」（売り予約）を締結して、7月11日や特定の期間の間に予約を実行して、金融機関は米ドルを輸入企業に売り、先物予約の締結時に約束した為替相場で円を受け取るのです。

　あくまで、「買い予約」や「売り予約」という表現は金融機関の立場からみたものですので注意が必要です。

　この先物為替予約を取引先との間で締結する場合は、将来のある一定の日（または期間）に取引先が金融機関に対して、確実に約束を履行できるかどうかのデリバリー・リスクや信用リスクを考慮しなければならず、一般的に金融機関では、「先物為替予約」を取引先に対する「与信取引」とみなしています。

② 通貨オプション

　通貨オプション取引とは、ある特定の外貨を契約で定めた特定の期

日、または特定の期間内に、あらかじめ、約定した価格で、買うことができる権利（コール・オプション）、または売ることができる権利（プット・オプション）を売買する取引です。

その際、どちらの取引でも、権利の買い手が権利を確保する対価として手数料（オプション・プレミアムやオプション料と呼ぶ保険料的な性格のもの）を支払うことになります。

一方、売り手は、特定の日（まで）に買い手から権利行使の請求があれば、これに応じる義務があります。

その代わり、この義務の対価として、権利の買い手からはあらかじめオプション料を受け取るのです。

たとえば、輸出型企業では、将来の一時点で外貨建債権をもつことになるわけであり、その受取日に合わせて一定の価格（約定価格＝権利行使価格）で外貨を「売る権利」を購入すれば、約定価格よりも円高／外貨安の輸出者にとって不利な相場になった場合には、この権利を行使することで有利な約定価格で外貨を売ることができます。

逆に、約定価格より円安／外貨高の輸出者にとって有利な相場になった場合には、この権利を放棄して、外貨建債権をもつことになった時点での市場実勢相場を適用して外貨を売ることができるのです。

この輸出型企業の場合は、将来、外貨を売ることのできる権利（プット・オプション）の買い手となります。

一方、輸入型企業では、将来の一時点で外貨建の債務が発生するので、その受取日に合わせて一定の価格（約定価格＝権利行使価格）で外貨を「買う権利」を購入すれば、約定価格以上に円安／外貨高になり輸入者にとって不利な相場になった場合には、この権利を行使することによって、円高／外貨安の有利な約定価格で外貨を買うことができます。

逆に、約定価格より円高／外貨安になり輸入者にとって有利な相場になった場合には、この権利を放棄して、外貨建債務が発生した時点での市場実勢相場で外貨を買うことができます。

この輸入型企業の場合は、将来、外貨を買うことのできる権利（コール・オプション）の買い手となります。

　ここでみてきた輸出型も輸入型もオプションの買い手の立場でしたので、将来、一定の約定価格で外貨を売ったり、買ったりする権利を確保するのと引換えにオプション料の支払が必要となります。

　しかし、必ずしも「オプションの買い手」の立場ばかりではなく、「オプションの売り手」の立場になることもありますが、「オプションの買い手」からオプション料を受け取る代わりに、買い手が権利行使する場合には、必ず、それに応じなければならない義務を負います。

　したがって、相場の変動幅の大きさによっては、リスクが無限大になる可能性がありますので、通貨オプション取引にあまり馴染みのない取引先に対しては、「オプションの買い手」の立場から入るようにすすめたほうが好ましいでしょう。

　通貨オプションの場合も金融機関によって、与信管理面での取扱いは異なっています。

　金融機関にとって取引先からの通貨オプションの「買い」の取引だけを与信対象とみなす金融機関もあれば、「買い」も「売り」も通貨オプション取引自体を一律に与信対象とみなす金融機関もあります。

　通貨オプションの「買い」の取引だけを与信対象とみなすのは、オプションの買い手である金融機関は、売り手である取引先に対して、オプション料の支払が先行し、その後、将来の特定日に買い手である金融機関が契約を履行しようとしても、相場の変動次第では、売り手である取引先のリスクが無限大となって買い手からの権利行使の請求に応じられない可能性があるからなのです。

③　与信に対するリスク掛け目

　先物為替予約の場合は、取引先との間で、あらかじめ約定した予約実行日（または期間）に、約定した相場で、約定した金額を金融機関が外貨を売却したり、購入したりする契約であり、万一、取引先の倒

産等によってこの契約が履行されないとすれば、金融機関はこの取引先から約定した対価の受払いが発生しないことになります。

この場合に金融機関が抱える実際の損失は、取引先との間で約定した相場（正確には、インターバンク市場でカバー取引を行った時の適用相場で「仕入れ価格」）とその反対取引を行った時点のインターバンク市場での実勢相場との差になりますので、相場が常に変動している限り、必ずしも全損になるとは限りません。

したがって、各金融機関では、先物為替予約の与信枠の設定にあたっては、融資や保証取引のように、先物為替予約締結金額の100％を与信対象金額とするのではなく、「与信リスク掛け目」という概念を設けているのです。

この先物為替予約に対する「与信リスク掛け目」についても、各金融機関によって様々な取扱方法が行われており、100％の先物予約円貨換算金額を与信残高とみなす金融機関もあるようですが、先物予約円貨換算金額に対して20％、または30％等の一定の割合を与信対象金額とみなしている金融機関が多いようです。

また、通貨オプションの場合も、「与信リスク掛け目」は先物為替予約と同様の掛け目でみている金融機関が多いものと思われます。

④ 金融機関における約定書類

基本約定書である「銀行取引約定書」に加えて、輸出ドキュメンタリー取引であれば、「外国向け為替手形取引約定書」を、また輸入ドキュメンタリー取引の場合には、「信用状取引約定書」「輸入担保荷物保管に関する約定書」や「支払承諾約定書」等、取引の種類に応じて、銀行取引の基本となる「銀行取引約定書」を補完する追加約定書類を取り交わします。

さらに、輸出取引であっても、輸入取引であっても、先物為替予約や通貨オプション取引等の取引が見込まれる場合には、「先物外国為替取引に関する約定書」、通貨オプション取引の場合には「選択権付

き外国為替予約取引に関する約定書」等、各金融機関が制定している様式での約定書類を取り交わすことが必要になります。

この「先物外国為替取引に関する約定書」には、取引における自己責任の原則、先物予約の譲渡・質入の禁止、取引の独立性や取引内容の確認等の重要な事項が記載されています。

5 先物為替予約期日の変更（繰上げと延長）と取消

先物為替予約の期日延長については、1992年6月に外国為替等審議会が原則禁止の方針を打ち出し、全国銀行協会連合会（当時）が加盟金融機関に対して、「外国為替予約延長の原則禁止」の行内ルールを制定するよう「外国為替取引に関する行内規則」という自主ルールのひな型を通知しました。

つまり、H.R.R.（Historical Rate Roll-over）と呼ぶもので、すでに締結している先物為替予約相場（原予約相場という）で新たな期日まで延長したり、原予約相場に新期日までのスワップコストを織り込んで新たな先物予約相場として適用することを原則禁止しています。

このような方法は、企業の損失を先送りするものであり、企業の財務会計の不透明さにつながる危険性を含んでおり、収益操作の代表事例として禁じられています。

したがって、各金融機関においては、輸出地でのやむを得ない事情による船積時期の遅延等やプロジェクト関連の予約で完工遅延等の合理的な理由があり、かつ、事前に営業・市場部門等の担当役員等、管理者の了承を得ている場合を除いては、予約の延長に応じてはなりません。やむなく延長に応じる場合には、可能な限り6ヵ月以内の実行とし、戦争や災害等のやむを得ない場合であっても、原則、1年以上の延長には応じてはならない等のルールを制定しています。

また、これらの厳しいルールに基づいて対応した先物為替予約の延長や繰上げ等の期日変更、および予約の取消にあたっては、2,500～5,000円程度を「期日変更（取消）手数料」として徴収しています。

3．先物為替予約レートの決め方

> **POINT**
> ① 先物為替予約の実行日別の種類
> ② 先物為替予約相場の算出方法

1 先物為替予約の実行日別の種類

(ア) 確定日渡し

将来の特定日を予約の実行日とするもので、たとえば、7月11日に輸入代金の決済として仕向送金を行うとか、外貨建本邦ローンの期日に決済を行う等の場合に特定日を定めるものです。通常、Spot物の資金受渡日（Value date）の1ヵ月後とか3ヵ月後の応答日とする順月確定日渡しとそれ以外の特定日渡しがあります。

(イ) 特定期間渡し、またはオプション渡し

将来の一定期間を定めて、その期間内であればいつでも予約の実行ができるもので、その特定期間（予約実行日を選択できる期間）の決め方には次の3通りがあります。

ⓐ 順月特定期間渡し

予約締結日のValue Date（一般的に、2営業日後）を基準にして、たとえば、1月14日から2月13日の1ヵ月間のうちの任意の日に予約の実行を行うことができるものです。

ⓑ 暦月渡し

特定の月（month）を基準として、その月のなかでいつでも任意の日に予約の実行を行うことができるもので、たとえば、9月渡しとか10月渡しといいます。

ⓒ 特定期間渡し

たとえば、9月21日から9月29日の間、金融機関の営業日の任意の日に予約の実行を行うことができるものです。

② 先物為替予約相場の算出方法

対顧客先物為替相場（Forward Rate）の算出方法は、直物相場（Spot Rate）に先物予約の実行日までの期間に相当する「直先スプレッド」[注6]（Swap Rate）を加減して、さらに金融機関のコストやマージンを加味して決定します。

対顧客先物為替相場＝直物相場±直先スプレッド＋金融機関のコストとマージン

⑺ 確定日渡し

たとえば、先程の順月確定日渡しの方法で、以下の表のとおり、インターバンク市場でXYZ Bankが出しているPriceに基づいて、2ヵ月後の2009年1月14日を期日とする先物為替予約を算出してみましょう。

XYZ Bank, Ltd. 2008年11月12日（水）14:05p.m.		
ERM	VALUE DATE	BID（買）—OFFER（売）
SPOT	11/14/2008	97.70 － 75
1 M	12/14/2008	d8 － d5
2 M	1 /14/2009	d22 － d17
3 M	2 /14/2009	d32 － d27
6 M	5 /14/2009	d66 － d58
1 Y	11/14/2009	d138 － d128

- 上述の応答日（VALUE DATE）の休日・祝日は考慮せず。
- Bid-Offerの数値の前の「d」の表示はDiscountを示しています。

ⓐ 輸出先物予約の場合

    Spot　レート　　　　　　　　　97円70銭
    直先スプレッド（2M）　　▲　　22銭
    金融機関コスト&マージン　▲　1円
    ─────────────────────────
    出来上がり相場　　　　　　　96円48銭

ⓑ 輸入先物予約の場合

    Spot　レート　　　　　　　　　97円75銭
    直先スプレッド（2M）　　▲　　17銭
    金融機関コスト&マージン　＋　1円
    ─────────────────────────
    出来上がり相場　　　　　　　98円58銭

　つまり、銀行間取引相場であるSpotレートは¥97.70 − 97.75、直先スプレッド2ヵ月物についても、d22 − d17といった表示になっていますが、なぜ、2つの表示があるのでしょうか？

　たとえば、Spotレートの¥97.70 − 97.75は「向かって左側の数字の小さいほうがビッド・レートであり、相場を呈示している金融機関は、1ドルが¥97.70だったらドルを買ってもよいですよ」という表示です。

　一方、向かって右側の数字の大きなほうがオファー・レートであり、¥97.75だったら、「我々はドルを売ってあげますよ」という表示で、常に、相場を呈示する金融機関は外貨という商品を「安く買って、高く売る」のが鉄則です。

　また、直先スプレッドについても、向かって左側の数字が小さいほうについては、「d22」と表示していますが、これは相場を呈示している金融機関は、「2ヵ月先にドルを¥0.22のDISCOUNTだったら、ドルを買います」という表示です。

　また、向かって右側の「d17」という表示は「¥0.17のDISCOUNTだったら、我々は2ヵ月先にドルを売ってもよいですよ」という表示

なのです。

つまり、「輸出先物予約」というのは、輸出者は、将来のある時点で、海外の輸入者から外貨を受け取り、受け取った外貨を日本の金融機関に買い取ってもらって日本円に転換する時の相場なのですから、金融機関からみれば、「外貨という商品を安く買う」ことになります。

一方、「輸入先物予約」というのは、輸入者は、将来のある時点で、海外の輸出者に対して外貨を支払い、その支払いのための外貨を日本の金融機関から売ってもらう時の相場なのであり、金融機関からみれば、「外貨という商品を高く売る」ことになります。

さらに、「直先スプレッド」とは、現在のように、アメリカのドル金利が高く、日本円の金利が低い場合には、「米ドルは円に対してディスカウント（discount）」といい、Spotレートから直先スプレッドを差し引きますので先物為替相場はSpotレートより米ドル安／円高になります。

将来、日本の円金利が上昇して、米ドル金利を上回って逆転してしまったとしたら、「米ドルは円に対してプレミアム（premium）」といい、Spotレートにプレミアムとなっている直先スプレッドを加えることになりますので、先物為替相場はSpotレートより米ドル高／円安になります。

(イ) **期間オプション渡し＝またはオプション渡し（暦月渡しの場合）**

輸出先物予約も輸入先物予約も前述の順月確定日渡しと同様に、現在の日米金利差では米ドルディスカウント体系ですので、Spotレートから直先スプレッドを差し引きます。

それでは、輸出先物予約と輸入先物予約の相場算出にあたって、どこの時点の直先スプレッドを適用すればよいのでしょうか？

なお、祝祭日は考慮に入れていないのでご注意ください。

ⓐ 輸出先物予約の場合

たとえば、1月1日から1月31日の1ヵ月間通しの期間中にいつでも予約の実行ができるとするならば、右肩下がりのディス

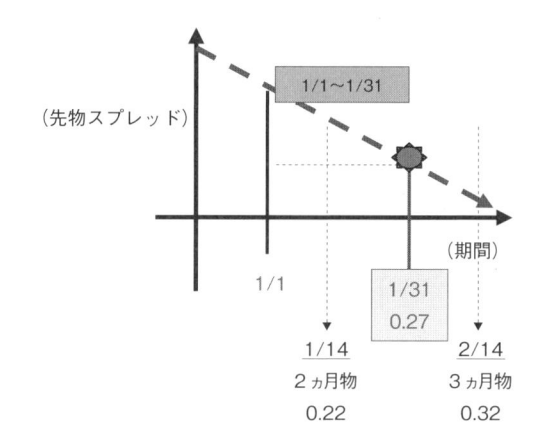

3. 市場取引

```
(先物スプレッド)
         1/1~1/31

                      (期間)
    1/1    1/31
           0.27
         ↓       ↓
         1/14    2/14
         2ヵ月物  3ヵ月物
         0.22    0.32
```

輸出先物予約（歴月渡し）の算出方法

¥97.70 － ¥0.27 － ¥1.00 ＝ ¥96.43

Spot　　1/31の　　銀行コストと　　出来上がり
買相場　SPREAD　　マージン　　　　レート

カウント幅の1日から31日までのうち、ディスカウント幅が一番大きい日を適用します。

ⓑ 輸入先物予約の場合

次に、〈輸入先物予約〉の場合は、同様に、1月1日から1月31日の1ヵ月間通しのうち、一番初めのディスカウント幅が小さい1日を適用します。

それではなぜ、輸出入の先物予約では、DISCOUNTの計算にあたって、基準日が異なるのでしょうか？

単純に考えれば、暦月渡しでの先物予約を締結した取引先は、もし、輸出でも輸入でも代金決済が、月半ばに行うことになった場合、残った期間分だけのディスカウント幅が損になるのではないか、と考えるのではないでしょうか？

そのとおりです。金融機関側からみれば、1ヵ月の期間の間に、い

```
(先物スプレッド)         1/1～1/31


                1/1
                0.11        (期間)
                            1/31
        12/14       1/14
        1ヵ月物      2ヵ月物
        0.05        0.17
```

輸入先物予約（歴月渡し）の算出方法

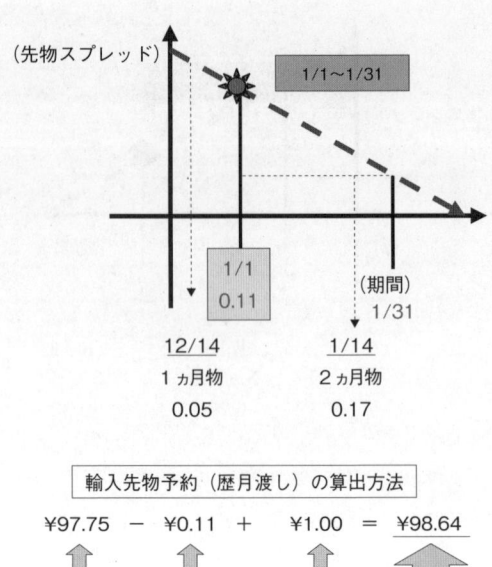

¥97.75 － ¥0.11 ＋ ¥1.00 ＝ ¥98.64

Spot　　　1/1の　　　銀行コストと　　　出来上がり
売相場　　SPREAD　　マージン　　　　　レート

つ先物為替予約の実行があるかわからないため、輸出為替予約ならば、月末日のディスカウント幅で米ドルを安く買う、輸入為替予約ならば、月初のディスカウント幅で米ドルを高く売る、といったリスクヘッジをしているからなのです。

　結論として、輸出手形の買取日や輸入手形の決済日が限られた期間（たとえば、2月10日から2月15日までの間等）に実行が予定されているような場合には、先物為替予約の特定期間を短くすることによって、輸出者にとっても、輸入者にとっても有利な相場でそれぞれの先物為替予約を締結できることをアドバイスしたいものです。

（注6）「直先スプレッド」とは、二国間の通貨の金利差から計算される数値で、Spot Rate と Forward Rate との開きを示しています。

第2編
外為営業実践活用法 ―「外為ビジネス研修」

イタリアミラノのドゥオーモ広場（1999年3月撮影）。ハイセンスなEUの主要国として日本でも人気が高い。

金融機関がかかわる外国為替取引は、たとえば、輸出取引であれば、輸出前貸やつなぎ融資等の実行・回収、輸出信用状の接受・通知、信用状付（または信用状なし）荷為替手形の買取、海外からの被仕向送金の到着等々があります。

　また、輸入取引であれば、輸入信用状の発行、荷物引取保証（L/G）・荷物貸渡し（T/R）発行、本邦ローンや跳ね返り融資の実行・回収、海外向け仕向送金の実行等々です。

　さらに、これら輸出取引でも輸入取引でも、取引通貨が外国の通貨（日本の円以外の通貨）である場合には、外貨の日本円での価格（相場）が時々刻々と変動しているため、相場の動き次第で、輸出者にとっては受取円貨金額が製造コストを割り込んでしまうリスクがあります。

　また、輸入者にとっては海外からの仕入れ価格が販売価格を上回ってしまったりして、採算割れの事態に陥ってしまうことも想定されます。

　こうした事態を未然に防ぐためにも、為替変動リスクの軽減につながるアドバイスも忘れてはなりません。

　そのようなニーズを抱えた取引先に適格なアドバイスを行うためにも、日頃から外為知識だけではなく、国際政治や経済関係の知識を身に付けることを目的に、簡単にできる「外為営業ロールプレーイング」をご紹介したいと思います。

第3章 若手・中堅クラス向けの「外為営業ロールプレーイング」

　筆者は、入社して5～6年程度の銀行実務経験を持つ若手クラス、係長から次長あたりまでの中堅クラス、そして、支店長クラスまでの3段階に分けて、「外為実践研修会」の講師を行う機会を数多く有していました。

　特に、若手・中堅クラスの研修では、極力、実践に即した形で「外為営業ロールプレーイング」による対話形式を取り入れてきました。

　実施要領は極めて簡単で、まず、受講者の一人は金融機関で法人の営業担当者（役割）として応接室に入ってくるところから始まり、用意された椅子に座り、その向かいに机をはさんで相手方企業の社長役または財務部長役の人が応接するのです。

　そして、法人の営業担当者役は何とか取引開始に結び付けようと口火を切ることになるのですが、初めのうちはそう上手に相手側の情報を引き出すようなスムースな会話ができるはずはありません。

　その時に重要なことは、このアプローチの会話の内容を外為や貿易関係の話に絞り込まず、融資の話でも、預金や投資信託や住宅ローンの話でも何でもよいので、その人の得意な分野で、自由にセールスを展開しながら、本来の目的に近づいていけるように、社長役なり、財務部長役なりが相手の力量をみながら、うまく誘導していくことです。

　そうした努力を重ねながら、徐々に相手先の貿易取引の現況や現在の取引銀行に対する不満等を聞き出したり、各種提案まで行えるようになっていくのです。

　所要時間は一人20～30分程度が限界でしょう。

　受講者からは、「今まで、融資残高の積み上げばかりを追いかける営業を行ってきたけれども、もっと幅広い分野で専門的知識を身に付けた営業を行っていかないとだめだと実感した」といったような感想文が多数寄せられ、筆者もこれらの前向きで素直な行員達の姿を見て、

大変嬉しく、また頼もしく、企業としての勢いを感じたものでした。
　こうした研修は、1回限りではなかなか効果が上がるものではなく、やはりスケジュールを決めて、継続的に研修を行っていくことが重要なのです。
　当然、営業担当者の頭の中には、どのように相手を攻略しようかといった戦略が用意されているはずです。ごく自然に相手方と対話ができるようになることが一番の目的であり、融資も預金も外為も、どの分野においても抵抗なく話ができるように訓練を重ねることです。
　以下の10個の事例は、A中小企業の社長とB銀行の営業課長との対話方式で、実際に取引先との間で飛び出す質問やアドバイスの内容を実践的にまとめた事例を含めていますので、ぜひ日頃の営業活動に取り入れて活用してほしいと願っています。
　当然ながら、各事例の「話の展開の仕方」については、こうでなければならないといった定型的なものはありませんので、各自のスタイルにあわせてご利用ください。

1. 輸出編

事例 1　新規開拓先からの外為情報の聞き出し
　　　　　──輸出取引を有している企業──

　家電中古品を取扱う販売会社で年商が 30 億円程度であり、海外比率は 50%、主に東南アジア向けの輸出を行っている中小企業です。
　設定条件としてはこれだけで、後は営業担当者が自由に、国際情勢や東南アジアの家電中古品市場についての話題を提供しながら、輸出為替の情報聞き出しを行うことを目的としています。

▶▶▶ 聞き出しのポイント

　まず、新規開拓先を訪問する前には、国内取引でも同様ですが、対象企業のホームページ（HP）を閲覧し、会社の歴史や経営者の理念等はもちろんのこと、競合相手先や業界動向等についても最低限の知識をもって臨むことが相手に対する礼儀です。事前に HP 等をチェックしておくことによって、どのような製品をどの地域に輸出しているのか、そして海外支店や関係会社の有無等がわかり、会話がスムースに運ぶものです。

- 年間／月間の輸出取扱金額や取扱件数（発生頻度）
- 輸出代金の決済方法（信用状付荷為替手形の買取なのか、被仕向送金の受領なのか、等）
- 輸出取引の建値（決済通貨）（円建か？　ユーロ建、米ドル建等の外貨建なのか？）
- 外貨建の場合の為替決済方法と為替ヘッジ方法（当日の公表相場を適用する Spot 決済か先物為替予約の利用、外貨預金への

> 入金、等)
> - 現在の取引銀行での取引内容や取引条件および不満点等（ただし、あまり詮索しないことが大事です）

　相手企業から役立つ情報として聞き出しを行う時には、決してアンケート調査に答えてもらっているのではないのですから、一方的に質問事項をまくしたてるのではなく、常に和やかな雰囲気のなかで、時として相手先の効率化や経費節減に繋がる提案ができれば、一層効果的でしょう。

◆◆話の展開の仕方

A社長：最近、バンコクにはたくさんの日本人が生活しているよ。きっと暮らしやすいんじゃないかな？

B行員：東南アジアにご出張されていたのですか？　今回はタイの他にも、どちらかを商談で回ってこられたんですか？

A社長：そうだよ。今回はベトナムにも市場調査のために足を伸ばしてきたよ。数年前までは中国にも売っていたけれど、最近はタイだけなんだよ。米ドルは、このところの急激な円高で採算を取るのは厳しいね。

B行員：タイ向けには米ドル建で輸出しているのでしたら、受け取る円価額が少なくなって大変ですね。ところで、毎月100万米ドル位の金額を受け取られているのですか？

A社長：そうだね、年商が30億円程度でその半分位が海外売上げだから、ざっと、30億円×0.5÷＠¥100÷12ヵ月で計算すると、毎月120万米ドル位だね。

B行員：なかなか、金額的にもまとまっていますね。タイからの受取は、信用状付の輸出手形の買取なんですか？　それとも送金で入ってくるのですか？

A社長：そうだね。タイに輸出して、代金を受け取れなかったら最

悪だから、大半はタイからL/Cをもらっているよ。後は、取引年数が長くて、信頼できるバイヤーには後払送金の形で送金してもらっている。

B行員：そうなんですか。タイの優良銀行発行のL/Cだったら安心ですよね。今の取引銀行さんとは、特段、何も問題なくスムースにお取引をされているんでしょうね？

A社長：今のところは、L/Cのunpaid（支払拒絶）もなく順調にいってるよ。しかし、今の営業担当者に今後の米ドルの見通しを聞いても、全くわかりませんという態度なので情報がなくて困っているんだ。

B行員：そうですか。もし、社長さんさえよろしければ、毎朝、相場情報をFAXかメールで配信する無料のサービスがありますので、お手続させていただきましょうか？

A社長：そうだね。相場情報のメールでのサービスもありがたいね。無料というのも申し訳ないから、少し、送金の受取をBさんの所に変更するように考えておくよ。

B行員：ありがとうございます。ぜひ、前向きに考えておいてください。

といった具合に展開していけば、次につながって、被仕向送金だけでも取引に結び付くチャンスがでてくるでしょう。

!! 知ってて得する参考事項

　基本的に、相手先企業が輸出先であっても、輸入先であっても、何ら対応が変わるわけではありません。

　輸出先の場合は「海外売上比率」を、輸入先の場合は「海外調達比率」をしっかりつかんでおくことです。

1 年間の輸出取扱金額や年間または月間の取扱件数

ここでは年商に占める海外売上比率を参考にして輸出取扱高がわかるので、あわせて信用状付輸出手形の買取頻度や被仕向送金の到着頻度等を聞いておいたほうがよいでしょう。

2 輸出代金の決済方法

輸出代金の決済方法については、ドキュメンタリー取引の代表例として、信用状付輸出手形の買取・取立扱いがあり、またクリーン取引として、被仕向送金の受領による決済方法がありますので、これらの決済方法については聞いたほうがよいでしょう。

3 輸出取引の建値（決済通貨）

決済通貨は米ドルなのか、円建なのか、または相手国の通貨なのかを聞いておく必要もあるでしょう。

4 外貨建の場合の為替決済方法と為替ヘッジ方法

円建輸出であれば、急激な円高による為替変動リスクを日本側の輸出者が負うことはありませんが、米ドル建や輸出相手国の通貨であれば、何らかの為替ヘッジを講じることが必要になってきます。

できれば、現状の為替リスク対策や社内ルールについて聞いておいたほうがよいでしょう。

5 現在の取引銀行での取引内容や取引条件および不満点等

金融機関の窓口にL/C付きの輸出荷為替手形と付属書類（documents）を買取のために持ち込んでも、長時間待たされたり、信用状条件と書類のチェックに時間がかかって、海外にスムースに書類を発送してもらえない等といった問題点が考えられますので、うまく聞き手に回ることが大事です。

事例2　初めての輸出業務へのアドバイス
──外為法と輸出貿易管理令等──

今まで、海外への輸出（販売）なんて考えたこともなかったが、このたび、当社で開発した小型医療用検査機器を韓国の病院が購入したいという申し込みがあって、現在、販売条件について先方と交渉中です。

日本からの輸出にあたって、商品や相手国について、何らかの法律や規制があるのでしょうか？

▶▶▶ アドバイスのポイント

- 外為法と輸出貿易管理令（輸出令）との関連
- 輸出貿易管理令（輸出令）の概要
- 小型医療用検査機器を韓国向けに輸出する場合は法規制に抵触するのかどうか

◆◆話の展開の仕方

A社長：最近、グローバル化といわれているけれど、我が社にもとうとうグローバル化の波が押し寄せてきたよ。

B行員：ご商売が繁盛しているようで結構ですね！
ところで、輸出の引き合いでもあったのですか？

A社長：そうなんだよ。韓国のある大手の病院から、我が社が製造している小型医療用検査機器を今年の秋までに50台、船積みしてほしいと言ってきたんだよ。

今は去年に比べて、世界同時不況の影響で円高になっているから採算を取るのは厳しいけれど、まず、そんなことより我が社が作っている高性能の小型医療用検査機器を海外に輸出するのに、法律面での規制があるのか教えてほしいんだけどね。

B行員：そうですね。日本では、外為法とその政令である輸出貿易管理令（輸出令）やその他の法規制に加えて、国際関連法規制によって品目や仕向国等に制限が加えられています。事前に監督官庁や乙仲業者等にも確認して、外為法違反等にならないように注意する必要がありますね。

御社の場合は、まず大丈夫かとは思いますが、特にコンピュータ等を内蔵した測定・検査・医療用機器や部分品・付属品等も大量破壊兵器への転用や通常兵器の開発等に用いられるおそれがある貨物や技術の輸出として対象になっています。

念のため、御社が輸出しようとしている商品の見本やカタログ等を持参して、どの程度の技術水準に該当するのか、また管理品目として該当するのか等の判定を慎重に行う必要がありますので、一度、監督官庁に出向いたり貿易専門のコンサルタント会社等に、直接確認されることをおすすめしますよ！

A社長：そうだね。法令遵守は一番大事なことだから、監督官庁や出入りの乙仲業者に見本を見せて確認してみるよ。いろいろと参考になるアドバイスをありがとう。また、具体的になってきたら、貿易手続のほうも相談させてもらうので、その節はよろしくお願いしますよ。

このように輸出入取引に先立って、国際条約・合意、外為法や関連法規制、業界関連法規制等、多くの法規制が設けられていますので、必ず、経済産業省等の監督官庁、税関、乙仲業者等に相談してみるようにアドバイスを行うことも必要となります。

!! 知ってて得する参考事項

1 外為法、輸出貿易管理令（輸出令）との関連

日本の貿易取引および外国為替の管理は、1998年施行の「外国為替および外国貿易法」（略称：外為法）を基本法としており、原則として貿易取引も外国為替取引も自由に行うことができますが、輸出は「世界の平和および安全のため」に、必要に応じて政令（輸出貿易管理令、輸入貿易管理令、外国為替令）により許認可を受ける義務を課すことができると規定しています。

2 輸出貿易管理令（輸出令）の概要

輸出取引における必要な輸出ライセンス（Export License）として、取引商品や内容によっては「輸出許可」や「輸出承認」が必要になる場合があります。

(ア) 輸出許可

輸出令「別表第一」に掲げる16項目の貨物で、1項は武器、軍用品、2項から4項は大量破壊兵器関連、5項から15項は「ワッセナー・アレンジメント」[注7]に基づく通常兵器関連の先端材料、工作機械、エレクトロニクス等の機微な汎用品、16項は「キャッチオール規制」[注8]となっており、これらは「輸出許可」を要する品目です。

ただし、輸出管理体制が整備されている米国、英国、ドイツ等の「ホワイト国」[注9]と呼ばれる26ヵ国向け（2009年7月現在）の輸出はキャッチオール規制の対象とはなりません。

(イ) 輸出承認

輸出令「別表第二」では「輸出承認を要する品目」ですが、規制緩和によって多くの項目が削除されており、米・石油類や配合飼料等の国内需給物資やアンゴラ向け航空機および部品等の国連経済措置品目等が現在残っている承認を必要とする貨物であり一般的な商業貨物はほとんどみられません。

取引先が取り扱っている商品のなかで主として、皮・毛皮・皮革製

品およびこれらの加工原材料を外国に輸出して、外国に加工賃を支払ったうえで、加工を委託した商品を日本に輸入する「逆委託加工貿易」では、国内産業を保護する観点から、総価額が 100 万円を超えるこれらの加工原材料を輸出する場合は輸出承認が必要になります。

3 小型医療用検査機器を韓国向けに輸出する場合は法規制に抵触するのかどうか？

まず、小型医療用検査機器が外為法の輸出の基本である「世界の平和および安全のため」に適正に輸出され、輸出貿易管理令(輸出令)「別表第一」のワッセナー・アレンジメントに基づく通常兵器関連の汎用品および技術に該当しないか、十分に「輸出管理対象品目リスト」に掲載されている品目と照合を行い、該当していないことを確認します。

なお、この事例では、仕向地が韓国になっているため問題はありませんが、ホワイト国以外の国や、特に懸念3ヵ国[注10]といわれるイラン、イラク、北朝鮮を仕向地等とする場合には注意が必要です。

このように日本から外国に向けて輸出を行う場合には、外為法の政令で定められている規制だけではなく、国際関連法規制によって品目や仕向国等に制限を加えられています

(注7)「ワッセナー・アレンジメント」とは、通常兵器および同関連汎用品に関する国際合意のことで、1994年のココム(対共産圏輸出統制委員会)解消後、地域紛争につながる通常兵器および同関連汎用品、技術の移転等を防止するため輸出管理体制の必要性が高まり、1996年にロシアや旧共産圏の東欧諸国等の33ヵ国が参加して、戦略物資の貿易取引を国際的に管理する組織を新たに発足しています(出所:『実践国際ビジネス教本』ジェトロ編)。

(注8)「キャッチオール規制」とは、輸出令・別表第一の第1項から第15項に掲げられている貨物を除くすべての鉱工業品が対象となり、輸出等の許可申請を義務付ける制度で、大量破壊兵器の開発に用いられるおそれがある「客観要件」の場合と経済産業大臣から許可の申請を行うように通知を受けた「インフォー

ム要件」の場合があり、大量破壊兵器の開発に用いられるおそれがない場合は許可不要です。
(注9) 「ホワイト国」とは、大量破壊兵器等に関する条約に加盟し、ワッセナー・アレンジメントや核兵器不拡散条約等4つの国際条約・合意に基づく安全保障上の貿易管理体制のもと、輸出管理を厳格に実施している26ヵ国をさします。アジアでは韓国以外はホワイト国になっていません。
(注10) リビアは1993年に懸念国に指定され「懸念4ヵ国」となっていましたが、2007年1月15日より輸出貿易管理令において、懸念国から削除されました。

事例3　輸出代金の確実な回収方法

　インドにある自動車メーカーから、まとまった数量の当社主力商品である自動車用パーツを新規に購入したいと言ってきました（日本からの輸出）。

　当社としては、初めての先でもあり、また金額的に高額になるため、確実に代金回収を行うにはどのような方法があるのかをアドバイスしてほしい。

▶▶▶ アドバイスのポイント

- 荷為替信用状（L/C）による決済方法のアドバイスと信用状の受領にあたっての注意点
- 信用状の特質についての説明（信用状条件厳密一致の原則）

◆◆話の展開の仕方

A社長：最近のインドの成長ぶりには驚くべきものがあるね。

B行員：そうですね。BRICsの1つで、自動車産業やIT産業がすごいらしいですね。英語が堪能な人が多いので、グローバル企業ではインドにコールセンターを持つところも多いらしいですね。

A社長：そうなんだよ。とうとう、我が社にもインドの中堅自動車メーカーから主力商品としている盗難用警報装置を大量に購入したいと言ってきたんだよ！　多分、我が社が作っている英語版のホームページを見て、申し込みをしてきたんだと思うよ。

B行員：すごいですね。これで今年度の売上げも過去最高を記録するんじゃないですか？　ところで、相手との取引条件はもうすでに決まっているのですか？

A社長：うん、インドからは商品が現地に到着後、後払送金で指定金融機関に送ると言ってきているので、お宅にある口座宛てに送金してもらおうと思ってるんだ。

B行員：社長、ありがとうございます。しかし、今回の相手先はインドにある初めての企業ですよ。いくら中堅企業らしいといっても、「後払送金」だったら、インドに商品が到着して、相手に悪意があって商品を引き取った後、送金をしてこなかったり、または商品が壊れていたとか、型が古いなどといったマーケットクレームを申し立てて、値引き交渉に持ち込んできたりするおそれがありますよ。

A社長：言われてみれば、確かにそうだね。リスクがあまりにも高すぎるよね。それでは、どうしたら初めての相手先から輸出代金を確実に回収できるのか、もしわかればアドバイスをしてほしいんだが……。

B行員：はい。今回はインドの初めての相手先ですから、貿易取引条件等の交渉の前にやるべきことは、まず相手企業の信用調査です。できれば、相手先を訪問して、直接、ご自身の目で相手先の経営者と会って話をしたり、また工場の生産ライン等の見学を行って、信頼できる相手かどうかを確認することです。

A社長：確かにそうだね。でも日本と違って、インドとなれば、すぐ簡単に行けるというものではないしね……。仮に行っても、相手は日本語を喋ってくれないかもしれないし、お互いに意思疎通ができないよね。JETROや貿易の専門家に相談してみて、通訳を派遣してもらえるのか等を相談してみるよ。いくら相手が中堅企業だとしても、後払送金なんて怖くてできないよね。

B行員：そうですよ。一番良いのは、インドの相手方から「前払送金」を送ってもらうのです。しかし、相手先はおそらく

「NO」と言ってくるでしょうね。そうなると、次の手は、信用状（L/C）を要求することです。つまり、今回の相手先が中堅企業であれば、インドの優良銀行とも取引があるはずなので、こちらから指定するインドの金融機関が発行する信用状（L/C）を要求するのがよいと思いますよ。

信用状取引になった場合の注意点等はあらためてご説明させてもらいますが、信用状付の荷為替手形買取の取引は金融機関にとっては与信業務になりますので、本部の担当審査部門のほうから承認を取り付けたりする関係上、ご提出いただく書類も多くあり、また、時間的余裕も十分にちょうだいすることになるでしょうから、あらかじめお含みおきください。

A社長： 困ったことがあれば、お宅に聞けば、すぐにわかるんだね。これからも頼りにしてるよ！

!! 知ってて得する参考事項

1　荷為替信用状（L/C）による決済方法のアドバイスと信用状の受領にあたっての注意点

今回のように初めての取引相手先で、しかも金額的に高額である場合には、やはり信用度の高い金融機関が発行する信用状付輸出荷為替手形の決済をすすめるのが、確実に輸出代金の回収を行うのに最適です。

この信用状（L/C：Letter of Credit）とは、輸入者が輸入地の取引のある金融機関に対して発行を依頼するものであり、その信用状条件に合致した書類の呈示に対して、発行金融機関が信用状金額の支払を確約しているものです。

一方、日本の取引先にとっては、受領する信用状の発行金融機関が優良であることが大前提であり、輸入者に信用状の発行を要求する場合には、事前に輸入地の信用状発行金融機関について輸出者の了解を

得ることを条件にするとともに、取引金融機関に対しても事前に相談を行って、コルレス契約があるのかどうか等について相談をすることが必要です。

参考までに、立場は逆になりますが、海外の輸出者の場合は、日本の輸入者に対して要求してくる契約内容のなかで、日本における信用状の発行金融機関の格付けはＳ＆Ｐ「シングルＡ」以上等と具体的に指定してくることが多いようです。

そうした交渉の末に、海外の優良金融機関から信用状を受け取った取引先に対して行うべきアドバイスとしては、まずその信用状の内容とすでに取り交わしてある商品売買契約書やオーダーシート等の重要書類との相互チェックを行うことです。

万一、契約書内容等と異なった信用状条件が挿入されている場合や船積期限や信用状有効期間が十分でない場合等には、輸入者に対して信用状の条件変更（amendment）を至急、要求する必要があります。

もし、契約内容と信用状条件との間にささいな相違があっても大丈夫だろうと思って放っておくと、いざ船積を終えて、荷為替手形を振り出し、付属書類とともに自社の取引金融機関に買い取ってもらおうと持って行ったとき、信用状条件と不一致の箇所（ディスクレ＝discrepancy）が発見されて、手形の買取に応じてもらえないことになります。つまり、船積後金融を受けられない事態になってしまいます。通常、このような場合には、輸入地の銀行から代金の入金が確認された後に支払がなされる「取立」（Bill for Collection）の扱いとなってしまいます（その期間分だけ輸出代金の受取が遅れ、資金繰りに窮することになります）。

さらに最悪な事態では、信用状の発行金融機関から信用状条件と提示された書類間の条件不一致を理由に支払拒絶（unpaid）されるケースもあり、十分な注意が必要です。

2 信用状の特質についての説明

　この優良金融機関が発行した信用状に基づいて、輸出者は信用状の各種条件（金額、船積期限、信用状有効期限、船荷証券・保険証券・商業送り状や梱包明細書等々の各種書類の記載内容や通数等の詳細にわたる指示事項）に合致した荷為替手形の振出や付属書類の作成を行えば、自社の取引金融機関から確実に代金の回収を図ることができるのです。

　つまり、国際的な貿易取引において、まったく見ず知らずの外国の相手方との間で債権・債務が発生しても、「信用状」が介在しなければ、確実に速やかに、かつ、全額の代金決済が完了するかどうかはわからず不安に陥ってしまい、最後にはここまでリスクを負ってまで商売をする必要はないと考えて、二の足を踏むことになってしまいます。

　こうした状況を打破するため、輸出者にとって信用状がもつ機能といえば、信用状条件に合致した書類の呈示と引換えに輸入地の信用状発行金融機関から支払確約を受け取っていることであり、「国際間でのスムースな金融機能」の提供を受けることができるのです。

　一方、輸入者にとっては、信用状条件と輸出者が振り出した荷為替手形および付属書類に不一致がない限り、信用状発行金融機関は代金支払に応じる義務があることから、信用状は「輸入者の信用を補完」しているといえるのです。

事例4 輸出信用状付荷為替手形の買取と被仕向送金の金融機関の手数料

中国への印刷機械の輸出にあたって、中国の銀行が発行した信用状（L/C）付荷為替手形の買取時に発生する金融機関の手数料と、被仕向送金を受領した場合の金融機関の手数料について教えてください。

▶▶▶ アドバイスのポイント

- 信用状付荷為替手形の買取時に発生する金融機関の手数料
- 被仕向送金を受領した場合の金融機関の手数料

◆◆話の展開の仕方

A社長：先週ようやく、中国の専門商社と100万米ドルの印刷機械の輸出について商談が成立したよ。

B行員：ご商売が繁盛していて結構ですね！　ところで、今回の輸出の代金決済の方法はどのようになっているのですか？

A社長：うん、今回の契約は2つに分かれていて、中国の優良銀行発行の信用状（L/C）が全体の7割と機械の据付後、後払送金で3割だよ。ちょうど、お宅に電話して聞こうと思っていたことがあるので、もしわかれば教えてほしいんだが……。

B行員：はい、どのようなことですか？

A社長：あまり大したことはないんだよ。ちょっとね、L/C付為替手形の買取をお宅に持ち込んだ時にかかる手数料と、被仕向送金が入ってきて入金してもらった時にかかる手数料を知りたいんだがね。

B行員：わかりました。ちょうど、輸出ドキュメンタリー取引と輸出クリーン取引（被仕向送金）の「外国為替取引各種手数

料一覧表（簡略版）」を持っていますので、これに基づいて、簡単にご説明させてもらいます。

ただ、金融機関でかかる手数料だけを比べてコスト比較しても、あまり意味がないと思うんです。

理由は、L/C 付の一覧払輸出手形の買取の時に適用する相場は At Sight Buying Rate で、一方、被仕向送金の入金の場合は TTB レートになっていて、適用される相場が異なるからなんです。

A社長：なるほど！　適用される相場が違っていれば、入金金額も変わってくるよね。ところで、どちらの相場のほうが当社からみたら有利なの？

B行員：はい、御社にとっては、仮に、同じ日に輸出手形の買取と被仕向送金の到着があったとすれば、被仕向送金の TTB レートを適用されるほうが多少でも円安なので有利になりますよ。

A社長：ほう、それはどういう理由なのか、教えてもらってもよいかね？

B行員：えー、メガバンクをはじめ、大体どちらの金融機関でも公表しています「対顧客公表為替相場（quotation）」がありますので、一度、じっくりご覧いただきたいと思います。At Sight Buying Rate は L/C 付輸出手形の買取の時に使う相場で、外貨の決済のために金融機関に手形を持ち込んでから決済が完了するまでにかかる郵送日数を、ドルの場合でしたら 12 日間としてその立替金利を相場に織り込んでいるのです。ですから、送金を受けた時に適用する TTB レートよりも、御社にとっては Maildays Interest に相当する金利部分だけ不利な相場になるのです。

A社長：なるほど。よくわかったよ。単純に手数料だけを比較してもだめなんだな。確かに教えてもらったとおり、ある金融

機関で「相場表」をもらったんだけど、いろいろな相場の種類があって、どの取引の時にどの相場を使えばよいのか、まったくわからなかったよ。

B行員：そうだと思いますよ。それでは、金融機関でかかる手数料についてご説明させていただきますが、これも結構複雑ですから、混同しないようによく聞いておいてくださいね。

A社長：うん、なるべく簡単に説明してくださいよ。

こういった会話のなかで、次のような「輸出関連取引各種手数料一覧表」を参考に説明しましょう。

輸出関連取引各種手数料一覧表（簡略版）〈例〉

〈輸出ドキュメンタリー取引〉
- 輸出信用状通知手数料：5,000～10,000円程度
- 条件変更通知手数料：3,000～8,000円程度
- 輸出手形買取手数料（含む、郵便料）：5,000～10,000円程度
  （輸出手形買取手数料を設定せず、郵便料だけを地区別に2,500～5,000円程度請求する金融機関は多い。）

- 小額取引手数料（Exchange取引の場合のみ）：
    外貨建で円換算が75万円未満の場合…5,000～10,000円
- 円為替／同一通貨間取扱手数料（リフティング・チャージ）：
    1/10％程度、または、最低手数料5,000円程度

次に、被仕向送金を受領した時にかかる手数料です。

〈輸出クリーン取引（被仕向送金）〉
- 被仕向送金取扱手数料：1件1,500～3,000円程度
  （手数料が受取人負担の場合）
- 小額取引手数料（Exchange 取引の場合のみ）：
  　　　外貨建で円換算が75万円未満の場合…2,000
  　　　～3,000円
- 円為替/同一通貨間取扱手数料（リフティング・チャージ）：
  　　　1/20％程度、または、最低手数料2,500円程度

※「輸出関連取引各種手数料一覧表（簡略版）」は、金融機関によって大幅に料率（タリフ）が異なっています。あくまで、参考程度としてご活用ください。

!! 知ってて得する参考事項

1 輸出ドキュメンタリー取引

ⓐ 輸出信用状通知手数料

　海外の信用状発行銀行が受益者である輸出者の取引銀行を通知銀行として、信用状を通知してきた場合に、通知銀行は外見上の真正性等を確認のうえ、受益者に信用状の到着を通知する場合に発生する手数料のことです。

ⓑ 条件変更通知手数料

　上述の輸出信用状通知手数料と同様のもので、条件変更（amendment）を接受して受益者に通知する場合に発生する手数料のことです。

ⓒ 輸出手形買取手数料（含む、郵便料）

　1件のL/C付輸出ドキュメントの買取依頼に対して発生する手数料で、信用状発行金融機関に荷為替手形および付属書類を送付するための郵便料を含んだ手数料になっています。

　多くの地域金融機関は、1件のL/C付輸出ドキュメントの買取依頼に対して、定額での輸出手形買取手数料を設定しておらず、信用状発行金融機関の所在国であるアジア・欧州・米国等の地区向けの郵便料を徴する程度にとどまっているようです。

ⓓ　小額取引手数料（Exchange 取引の場合のみ）

　　1件あたりの取扱金額が小額のものに対して発生する取扱手数料で、金額の基準は金融機関によって差がありますが、おおむね、外貨建で円換算が75万円未満とか100万円未満の場合に限って設定しているところが多いようです。

②　輸出クリーン取引（被仕向送金）

　被仕向送金取扱手数料として、1件の被仕向送金の取扱いに対して定額で発生する手数料のことです。

　多くの地域金融機関は、1件の被仕向送金の取扱いに対して、定額での手数料を設定しているところは少ないようです。

　小額取引手数料（Exchange 取引の場合のみ）というのは、上述の輸出ドキュメンタリー取引ⓓと同様です。

③　共通取引

　円為替/同一通貨間取扱手数料（Lifting Charge）というのは、輸出ドキュメンタリー取引であってもクリーン取引であっても、一般的に日本の金融機関ではリフティング・チャージと呼んでいて、同一通貨間決済の場合に発生する銀行手数料を徴取しているケースが多いようです。

　この手数料が発生するのは、円建の場合だけに限らず、米ドル建の荷為替手形の買取や被仕向送金の受領にあたって、自社名義の米ドル建外貨預金口座に入金する場合等、米ドル⇔米ドルという同一通貨間での取引になる場合に発生します。

　一般的に、このリフティング・チャージは、ドキュメンタリー取引の場合は荷為替手形の額面金額に対して1/10％（0.1％）または最低手数料5,000円程度、また送金等のクリーン取引の場合は、ドキュメンタリー取引の半分の料率である1/20％（0.05％）または最低手数料2,500円程度と規定している金融機関が多いようです。

2. 輸入編

事例1　新規開拓先からの外為情報の聞き出し
――輸入取引を有している企業――

イタリアから婦人用高級ハンドバックやアクセサリー類の小物を輸入し、国内販売している年商20億円程度の中小企業です。

設定条件としてはこれだけで、後は営業担当者が自由に、輸入為替の情報の聞き出しを行うことを目的としています。

▶▶▶ 聞き出しのポイント

まず、すでにみてきました輸出編（事例1）の場合と同様ですが、対象企業の情報をあらかじめ、ホームページ等で調べたうえで訪問するほうが効率的です。

そして、輸出取引の時とポイントは同様で、以下のとおりです。

- 年間／月間の輸入取扱金額や取扱件数（発生頻度）
- 輸入代金の決済方法（信用状発行による代金決済なのか、仕向送金での代金決済なのか、等）
- 輸入取引の建値（決済通貨）（円建か？ユーロ建、米ドル建等の外貨建なのか？）
- 外貨建の場合の為替決済方法と為替ヘッジ方法（当日の公表相場を適用するSpot決済、先物為替予約やフラット為替予約等の利用、外貨預金からの払い出し、等）
- 現在の取引銀行での取引内容や取引条件および不満点等（ただし、あまり詮索しないことが大事です）

2．輸入編

◆◆話の展開の仕方

A社長：先週、イタリアで買い付けをして帰ってきたばかりだよ！

B行員：ご商売が繁盛しているようで結構ですね。今、こちらにお邪魔させていただく前に御社の倉庫の前を通りかかったら、山積みになったダンボール箱に Made in Italy の表示がありましたから、新作の商品を入荷されたんだな、と思っていましたよ。ところで、取り扱っておられる商品はすべてイタリアからの輸入なんですか？

A社長：そうだよ。イタリアの高級品イメージでハンドバッグを販売しているから、安く作らせて売るわけにはいかないんだよ。まあ、最近は一時に比べて、円高になってきたから、ユーロも使い応えが出てきたよ。

B行員：ところで、イタリアには毎月、送金されているんですか？それとも、L/C 取引でやっておられるんですか？

A社長：昔は、イタリアの相手先からはL/Cを発行してほしいと言われていたが、銀行でのL/C発行手数料も高くつくし、最近は実績もできてきたお陰で、送金ベースでやってますよ。ただ、新しい先からはL/Cを要求されますがね。

B行員：そうですよね。L/C発行手数料と仕向送金手数料を比べると、随分、御社の負担額が変わってきますよね。ところで、送金をする時には、当日の相場でユーロを買って、送金しているのですか？　それとも、先物為替予約か何かを事前に銀行と締結しているのですか？

A社長：うん、銀行で発表しているユーロの電信売相場（TTSレート）から少し優遇してもらって、送金しているよ。

B行員：そうなんですか。銀行にとっては上得意先さんなんでしょうね。ところで、送金依頼書を作成して、金融機関に持ち込んでおられるのですか？

A社長：そうなんだよ。送金依頼書を作って、近くの銀行に持って

行くんだけれど、窓口で待たされて時間がもったいないんだよ。
B行員：そうでしょうね。社長さんはインターネット・バンキングを銀行と契約すれば、海外送金もオフィスに居ながらにして簡単にできるのをご存知ですか？
A社長：そうらしいね。今利用している銀行からも、インターネットを利用したEB（Electronic Banking）取引で外国送金ができると勧誘してきているけれど、なにしろ月間の基本料金が高くてね。お宅でも何かよい提案があったら、持ってきてくださいよ。

　このような具合に展開していけば、次につながって、送金時の相場優遇幅や仕向送金手数料等の具体的な提案やインターネット・バンキングでの外国送金等の提案の機会が得られることになり、取引に結び付くチャンスが増えてくるでしょう。

!! 知ってて得する参考事項

1　年間の輸入取扱金額や年間または月間の取扱件数（発生頻度）

　海外からの仕入比率によって年間または月間の輸入取扱高を推定し、仕向送金を毎月10日や25日とか、月末日等に集中して送る会社も多いので、支払予定日や支払の頻度を聞いておくことも必要でしょう。

2　輸入代金の決済方法

　大きく分けて、信用状に基づくドキュメンタリー取引なのか、仕向送金のクリーン取引なのかは、相手先に聞いてみましょう。
　信用状に基づくドキュメンタリー取引の場合は、信用状発行手数料（通常は3ヵ月単位で信用状金額に対する1/5%程度の料率）が国内取引に比べて極端に高いとか、通信手段が進歩した今日においても信用

状を輸出地の金融機関に通知する時の電信料が高すぎる、といったように、グローバル化が進展しても旧態依然とした金融機関の外為取引にかかる手数料体系に不満をもっている顧客は実際に多いものです。

信用状の発行も含めて、多くの取引行為は金融機関にとって「与信行為」となりますので、まだ取引の仕振りも資産背景等もわからない新規開拓先に対しては、十分な注意を払うことが必要になります。

また、仕向送金も被仕向送金もクリーン取引の場合は、金融機関にとっては民法上の「委任契約」となりますが、外為法上の適法性の確認義務、犯罪による収益の移転防止に関する法律に基づく本人確認義務、国外送金等調書提出制度上の本人確認義務（2009年4月から100万円相当額超の取引が対象になり、税務署宛てに提出）や、「支払又は支払の受領に関する報告書」提出義務（貿易外取引で3,000万円相当額超の取引が対象になり、日本銀行宛てに提出）等の各種義務を課せられており、慎重な取扱いを求められています。

③ 輸入取引の建値（決済通貨）

輸入の代金決済が円建なのか？　ユーロ建、米ドル建等の外貨建なのか？

④ 外貨建ての場合の決済方法と為替ヘッジ方法

当日の公表相場を適用するSpot決済なのか、先物為替予約を利用しているのか（CONT決済＝contract決済）、あるいは決済代金を外貨普通預金口座から払い出しているのか（NOEX決済＝Non-Exchange決済）、さらには、3年や5年間にわたる長期物のフラット予約を利用しているのか等、様々な決済方法で対応していることでしょう。

もし、当日の公表相場を適用するSpot決済ならば、「現在の取引銀行では何銭位の優遇幅をもらっているのですか？」と率直に聞いてみるのも一手です。

通常、海外向仕向送金の時に適用するTTSレートや被仕向送金の

受領時に適用するTTBレートは、当日の対顧客公表仲値（TTM = Telegraphic Transfer Middle Rate）を中心として、米ドルの場合は上下片道幅が1円／米ドル（ユーロの場合は片道幅は1円50銭前後の金融機関が多い）等と通貨ごとに異なる為替売買幅を織り込んでいます。

その為替売買幅のうち、金融機関がある一定の率を顧客に優遇し、本来は金融機関の収益となるべき部分を顧客に還元することを「相場の優遇」といいます。

たとえば、海外への仕向送金の場合、金融機関が取引先に対して米ドルで60銭の優遇を許容するという場合は、仮に当日の対顧客米ドル公表仲値（TTMレート）が100円で、通常の為替売買幅が1円とすれば、金融機関が取引先に米ドルを売って海外に送金する時に適用するTTSレートは101円となりますが、金融機関は取引先に60銭の優遇幅を与えており、TTSレートの101円から優遇幅の60銭を差し引き、出来上がりレートを100円40銭にしたものが相場優遇後の適用レートになります。

つまり、この例であれば、1米ドルあたり40銭だけは金融機関の収益として、残る60銭は取引先に返してあげると考えたらわかりやすいでしょう。

また、多くの金融機関では、一定金額未満の取引については、"公表相場を基準に何銭優遇"といった取引条件を定めている場合が多いようです。しかし、一定金額以上の取引になれば、それらの取引が持ち込まれた時点における市場実勢相場を基準とする「市場連動方式」を採用しています。このような市場連動方式の適用については、金融機関によって異なりますが、多くの金融機関では一件5万米ドル相当額以上とか10万米ドル相当額以上等と独自に基準を設けています。

5 現在の取引銀行での取引内容や取引条件および不満点等

パソコンやインターネットを通じたEB（Electronic Banking）を

利用して外為取引を行っているケースが増加していますが、企業が金融機関に支払う月間基本料やサービス料金が高いといった料金面での不満が多く聞かれます。

　海外に送金をする際に、「外国送金依頼書兼告知書」を金融機関の窓口に持参しても、窓口が混雑していて長時間待たされるといった時間面での不満も多く聞かれます。

　銀行窓口にわざわざ足を運ばなくても、取引先側の利用頻度やオフィスから金融機関の店舗までの距離等を考えて、オフィスに居ながらにしてインターネット・バンキングで海外送金取引や信用状の発行受付サービス等が簡単にできる自行のシステムをセールスすることも必要でしょう。

　これら取引先から聞こえてくる他の金融機関に対する不満の声は、非常に貴重なものであり、自行の参考になるでしょう。

事例2 初めての輸入業務へのアドバイス
　　　　──外為法と輸入貿易管理令等──

　今まで、海外から輸入（購買）なんて考えたこともなかったのですが、幕張メッセで行われていた「世界の食品展」という国際見本市に行ってみたところ、見るからに美味しそうな砂糖漬けフルーツの瓶詰めを見つけました。
　早速、販売元のイタリアにある食品加工会社に大量注文して、当社が扱っている国産食料品の販売商品の品揃えを広げようと思いましたが、こういった商品を外国から輸入するにあたって、日本の法律や規制の面で何か問題があるのでしょうか？

▶▶▶ アドバイスのポイント

- 外為法、輸入貿易管理令（輸入令）との関連
- 輸入貿易管理令（輸入令）の概要
- その他、食品関連法令との関連

◆◆話の展開の仕方

A社長：先日、幕張メッセで行われていた「世界の食品展」という国際見本市に行ってきて、面白い食品を見つけてきたよ。イタリアの砂糖漬けフルーツの瓶詰めなんだけどね。早速、販売元のイタリアにある食品加工会社に連絡を取って、大量に注文しようかと思ってるんだよ。

B行員：ほう、それは、楽しみですね。でも、社長、大量に注文しても売れなかったらどうするんですか？　もっと、輸入マーケティングを慎重に行ってからでなければ命取りになりますよ。

A社長：確かに、Ｂさんのおっしゃるとおりですな。ところで、食

品を海外から輸入する場合の規制があるのかどうかを教えてほしいんだけどね！

B行員：そうですね。日本では、外為法とその政令である輸入貿易管理令（輸入令）等の貿易関連法規制に加えて、食品の場合は食品衛生法、植物防疫法やJAS法等の多くの法規制によって制限を加えられています。また、植物防疫法では植物の病害虫が侵入するのを防止するため、輸入されるすべての植物が検疫対象となり届出義務が課されています。今回は砂糖漬けフルーツの瓶詰めの輸入ですから、「検査不要品」になっていると思いますが、念のため、監督官庁や税関等に確認されることをおすすめします。

A社長：そうですか。大変参考になりましたよ。まずは、Bさんのアドバイスどおり、イタリアの食品加工会社に発注する前に、もっと輸入マーケティングをしっかりと行うことにするよ。

B行員：社長、安心しましたよ。思いつきで大量の商品を輸入して、売れ残って在庫が積み上がったり、物流コストを甘く考えていたりして採算があわないようなことがあったら大変ですよ。輸入マーケティングの場合は標的市場が日本国内ですから、日本の消費者のニーズを分析・調査することからじっくりと始められたほうがよろしいかと思いますよ。

!! 知ってて得する参考事項

1 外為法、輸入貿易管理令（輸入令）との関連

日本の貿易取引および外国為替の管理は、1998年施行の「外国為替および外国貿易法」（略称：外為法）を基本法としており、原則として貿易取引も外国為替取引も自由に行うことができますが、輸入は「国民経済の健全な発展を図るため」に、必要に応じて政令（輸出貿易管理令、輸入貿易管理令、外国為替令）により許認可を受ける義務

を課することができると規定しています。

② 輸入貿易管理令（輸入令）の概要

輸入取引における必要な輸入ライセンスとして、取引商品や内容によっては経済産業大臣から事前に「輸入承認」(Import License) を取得しておかなければなりません。

輸入承認を取得しなければならない場合としては、年一度、輸入公表により告示される輸入割当 (Import Quota) 品目を「公表第一号」、輸入承認を必要とする特定の原産地または船積地域からの特定の貨物を「公表第二号」、一定の手続、書類の確認を必要とする貨物を「公表第三号」に分類しています。

ⓐ 輸入割当「公表第一号」

事前に輸入割当品目（IQ 品目）の金額または数量の割当を受けた者だけが、輸入承認申請ができる輸入管理の方法です。

近海魚や食用の海草の一部等の GATT（関税と貿易に関する一般協定）の原則からすれば自由化すべき「残存輸入制限品目」の他、GATT によって安全保障上の問題から自由化を認めていない武器、麻薬、専売品等の農水産物や鉱工業品等の非自由化品目やワシントン条約附属書Ⅰの動植物およびその派生物等を輸入割当品目としています。

ⓑ 輸入承認「公表第二号」

輸入承認を必要とする特定の原産地または船積地域から輸入される特定の貨物を対象としている輸入管理の方法です。

中国、北朝鮮、台湾からの鮭、鱒および調製品等やワシントン条約非加盟国から輸入される附属書ⅡおよびⅢの動植物およびその派生物等としています。

ⓒ 確認品目「公表第三号」

経済産業大臣、厚生労働大臣、農林水産大臣や文部科学大臣等の事前確認または、通関時に外国公的機関や国内の所管官庁等の

証明書類を税関長に提出した場合を除き、通関時確認を行う輸入管理の方法です。

　確認品目には、治験用微生物ワクチン、免疫血清、ウラン触媒や向精神薬等の他、ワシントン条約附属書Ⅱの生きている動植物や鯨や調製品も含まれています。

③　その他食品関連法令との関連

　輸入に際して、外為法、輸入貿易管理令における輸入公表の第一号から第三号に該当する品目でなくても、輸入貨物が分類される国内関連法上の規制もあわせて確認しておくことが重要となります。

　この事例では、イタリアからの砂糖漬けフルーツの瓶詰めを販売目的で輸入するものであり、国内の植物検疫法とJAS法（農林物資の品質表示基準法）等の国内法規が関係してきます。

　この植物検疫法は植物の病害虫が侵入するのを防ぐために輸入されるすべての植物を検疫対象としており、輸入者は植物検疫所に届出義務があります。

　輸入植物は、輸入禁止品、輸入検査品、検査不要品の3つに区分されますが、砂糖漬けのものについては検査不用品となっています。

　また、JAS法（農林物資の品質表示基準法）については、一般消費者向けのすべての飲食料品を生鮮食品と加工食品に分けて、品質表示基準に基づき、表示が義務付けられています。

　ちなみに、砂糖漬けフルーツの瓶詰めは加工食品であり、名称、原材料名、内容量、賞味期限、保存方法、輸入業者名、原産国または原産地名等の表示が必要です。

　ここでは食品関連の事例をみてきましたが、輸入される品目によっては、外為法や貿易関連法規だけではなく、様々な国内関連法規制がかかわってきますので、事前に監督官庁や業界に精通している専門家等に相談してみるようにアドバイスすることも必要になってきます。

事例3　船荷証券の危機

　今回、自社の取引金融機関に発行を依頼した信用状に基づいて、韓国の繊維メーカーからアパレル製品を輸入しましたが、船積港であるプサン港から早々に神戸港に貨物が到着してしまいました。

　貨物の引き取りには、船荷証券（B/L）が必要ですが、まだ輸出地の韓国の銀行経由で書類が到着していないと言われました。

　このような場合、早く貨物を引き取って販売先に納入しようと思っていますが、どうすれば貨物を引き取ることができるのかアドバイスしてほしい。

▶▶▶アドバイスのポイント

- 「船荷証券の危機」についての現象面での説明
- 輸入貨物の荷受にあたって、保証渡しを行った場合の注意点

◆◆話の展開の仕方

A社長：先日、他の金融機関で発行したL/C取引で、船積み港の韓国・プサン港から神戸港にあっという間に貨物が到着してしまってね。早く荷物を引き取って販売先に納入したかったので、L/Cを発行してもらった取引金融機関に確認してみたところ、まだ、韓国の銀行から書類を送ってこないから、船荷証券（B/L）も手元にないんですよと言われましてね。弱っているんですよ！

B行員：そうなんですか……。最近は、船舶の高速化によって、特に、日本近隣の国からの輸入については同じ様なケースにあっている会社もたくさんあるみたいです。こういった現象を「船荷証券の危機」と呼んでいまして、こうした事態に対処する方法がいくつかあります。将来的には船荷証券

の電子化でこのような問題が解消される日がきっとくると思いますよ。

A社長：ほう、そういった対処法があるんですか？　聞いてみてよかったよ！

B行員：一般的に行われている方法は、「輸入荷物引取保証」と言いまして、船会社に対して金融機関の連帯保証を付けた保証状（L/G）を船会社に対して差し入れて、到着した荷物の引取りを行う「保証渡し」の方法です。しかし、輸入の都度毎回、こうした保証渡しの方法をとるのは手間もかかりますし、金融機関に対しても保証料を支払わなければなりません。そこで同一企業内取引や永年の信頼関係がある相手に限定して、通常3部の原本が発行される船荷証券（B/L）の全通、または1部か2部を輸出者から輸入者に郵送して、輸入者に荷物を引き取らせる「B/Lの一部直送方式」等の方法も信用状取引では行われていますよ。しかし、信用状発行金融機関にとっては、通常、B/L全通を呈示させることによって、貨物の譲渡担保権の確保を行うわけですが、これができなくなるために別途、金融機関内で事前の稟議が必要になるものと思われます。早めに相談をされたほうがよろしいかと思いますよ。

A社長：Bさん、良いアドバイスをたくさんしてくれてありがとう。次回からは、お宅でL/Cを発行してもらうことを検討しておくよ。

B行員：A社長、ありがとうございます。ただ、信用状を発行することは「与信取引」ですから、事前に十分な審査が必要になります。過去3期や5期分の決算書や納税申告書の写しやその他の書類などもお願いすることになりますよ。また、審査の結果によってはご満足のいかないことをお願いするかもしれませんがお含みおきくださいね。

!! 知ってて得する参考事項

1 「船荷証券の危機」についての現象面での説明

海上輸送のコンテナ化や船舶の大型化・高速化に伴って、韓国、台湾、香港等のアジア近隣諸国からの輸入では、貨物が日本の陸揚港に到着していても輸出地の金融機関から日本のL/C発行金融機関に郵送されてくる船荷証券が未着のために輸入者が船会社から貨物を引き取れないといった事態が発生しています。

こうした現象を「船荷証券の危機」と呼んでいます。一般的な対処方法としては、金融機関の連帯保証を付けた輸入荷物引取保証（L/G）を船会社に差し入れて、到着した荷物の引取りを行う「保証渡し」の方法があります。

しかし、金融機関にとっては、輸入者が代金の決済前に輸入者に対して荷物の引取りを認めるものであり、輸入者に対する与信と船会社に対する連帯保証債務の2つの与信行為を行うことになります。

このような保証渡しによる方法を行わないで、輸入者が荷受港に到着した貨物を輸入代金の決済前に引取る以下の方法も利用されていますが、あくまで、同一企業内取引の場合や永年の取引実績があって信頼できる相手先の場合等に限定したほうがよいでしょう。

ⓐ 船荷証券（B/L）の全通または一部直送方式

　輸入者が発行依頼を行う信用状の条件として、輸出者は船積後に船会社から受け取る船荷証券原本の全通または原本のうち、1通または、2通を輸入者に直接、送付する方法です。

　ただし、発行された船荷証券の原本（通常3通発行される）のうち、1通でも船会社によって回収された時は、その他の残りは無効になる旨の規定が船荷証券の表面約款に盛り込まれています。

ⓑ サレンダードB/L（Surrendered B/L）

　荷物の積み地国で輸出者が船会社から船荷証券（B/L）の発行を受けた後、輸出者がB/L全通に白地裏書をして、その全通を

船会社に差し入れます。同時に、船会社は輸出者にB/Lの原本の代わりに"SURRENDERED"のスタンプを押したB/Lコピーを発行します。そのコピーは元地回収済みのB/Lで、サレンダードB/Lと呼びます。

その後、船会社は輸入地の自社の支店または提携先の船会社の代理店等に対して、貨物が輸入地に到着後、輸入者から貨物の引き取依頼があれば荷渡しするよう指示します。

ⓒ 海上運送状（SWB：Sea Waybill）

一般の船荷証券とは異なって流通性はなく、また有価証券でもなく、単に船会社と輸出者との間での運送契約の証拠書類と貨物の受取証としての性質をもつにすぎません。また、船会社が輸入者に貨物を引き渡す際には海上運送状の提示は必要ありません。

つまり、Sea Waybill は航空機輸送で使用される Air Waybill の海上輸送版といえるでしょう。

海上運送状による貨物の転売はできず、また、担保能力がない等の問題もあり、日本ではサレンダードB/L同様、同一企業内の取引や永年の実績がある信頼できる業者間取引に限定して使用されています。

[2] **輸入貨物の荷受にあたって、保証渡しを行った場合の注意点**

輸入荷物引取保証（L/G）による保証渡しの場合は、船荷証券を船会社に提出せずに輸入者は貨物を引き取ることができますが、後日、信用状決済の場合には、信用状発行金融機関に到着した荷為替手形および付属書類と信用状条件との間で、不一致（ディスクレパンシー）があったとしても金融機関は輸入者に対して輸入代金の決済を求めることになります。

また、信用状を伴わないD/PやD/A決済の場合においても、引き取った貨物が売買契約条件と一致していなくても同様の扱いになります。

さらに、輸入地の信用状発行金融機関は、荷為替手形および付属書類が到着したら、すぐに取引先との間で輸入代金決済を行います。そして取引先に引き渡した船荷証券（B/L）を船会社に提出させて、自行が連帯保証している L/G を船会社から回収のうえ、自行の L/G 解除手続を行います。

事例4　輸入信用状取引と送金の金融機関の手数料

　当社はアパレル製品の輸入企業ですが、このたび、信用状を日本から発行してほしい旨、ベトナムの業者から依頼を受けています。

　信用状を発行してもらう場合には、高額な信用状発行手数料を支払うと聞いていますが、通常の TT 送金（電信送金）と比べて、それ程大きな差があるのですか？

　参考までに、信用状発行の場合と TT 送金の場合のおおよその手数料について教えてください。今回の金額は、20 万米ドルです。
※ちなみに、本日の米ドル / 円相場は＠ 100 円とする。

▶▶▶ アドバイスのポイント

- 輸入信用状の発行手数料と電信料の算出方法
- 輸入信用状の有効期間が 3 ヵ月未満の場合と 3 ヵ月以上、6 ヵ月未満の場合の発行手数料について
- 海外向け仕向送金手数料とコルレス手数料についての説明

◆◆話の展開の仕方

A社長：今回、新たなベトナムのアパレルメーカーから婦人用衣類の輸入をすることになったんだが、先方は初めての取引でもあり、日本の優良金融機関が発行する取消不能信用状を送ってくれと要求してきているんだよ。

B行員：新しいベトナムのメーカーから新規輸入が始まるなんて、それは結構なことじゃないですか。

A社長：そうだね。確かに、仕入先が拡大してきて、我が社の取扱商品の品揃えが増えてくるのは結構なことだよね。ところで、今回発行してもらおうと思っているL/Cの金額は20万米ドルなんだけど、信用状発行の場合に金融機関に支払う手数料とTT送金の場合の手数料について教えてほしいんだけど……。

B行員：はい、その前にいくつかご質問させていただきたいのですが。まず、L/C取引の場合ですが、①L/Cの有効期間は何ヵ月位ですか？
通常L/Cは3ヵ月未満が1term、3ヵ月超6ヵ月未満なら2termsというように3ヵ月刻みで発行手数料は変わってきます。②手形期日が一覧払（At sight）か期限付き（usance）かによって輸入代金決済時の適用相場が異なってきます。次に、TT送金の場合ですが、①先程のL/C取引での決済時においても同様なんですが、代金の支払は当日の公表相場で円から米ドルに転換されるSpot決済なのか、米ドル外貨預金から払い出して決済に充てるNoex決済なのかによっても発生する手数料は変わってきます。②また、コルレス手数料といって、弊行以外の経由銀行や支払銀行等で発生する手数料は御社負担なのか、または相手方の負担なのかによっても変わってきます。いろいろとうるさいことを申し上げて恐縮なんですが、こういった点をうかがわないとコスト計算ができませんので……。

A社長：うーん。いろいろと難しいですな。それでは次回までに、相手先との売買契約書を確認しておくから、あらためて教えてください。

B行員：かしこまりました。ちょうど、輸入ドキュメンタリー取引

と輸入クリーン取引（仕向送金）の「輸入関連各種手数料一覧表（簡略版）」を持っていますので、簡単にご説明させてもらいますよ。

輸入関連各種手数料一覧表（簡略版）〈例〉

1. 輸入ドキュメンタリー取引：
   ＜信用状発行・アメンド発行時＞
- 信用状発行手数料：期間3ヵ月を1タームとして、料率1/5〜1/2％程度、または、最低手数料7,500〜15,000円程度
- L/C発行電信料：地域によって異なるが、5,000〜8,000円程度）
- 信用状条件変更手数料：5,000〜15,000円程度（増額・期限延長等の変更内容により、料金は異なる）

   ＜輸入荷為替手形決済時＞
- 輸入手形取扱手数料（L/C付）：5,000円程度
- 円為替/同一通貨間取扱手数料（リフティング・チャージ）：
  　　　　1/10％程度、または最低手数料5,000円程度
- 小額取引手数料（Exchange取引の場合のみ）：
  　　　　外貨建で円換算が75万円未満の場合…5,000〜10,000円
- L/G保証料：年率1.1％程度、または最低手数料3,000〜5,000円程度
- Air T/R手数料：一律3,000〜5,000円程度

2. 輸入クリーン取引（仕向送金）：
- 海外向け送金手数料：　3,000〜6,000円程度
- コルレス手数料：　　　2,500円程度
  （ただし、送金受付時に徴収した金額を上回る請求があった場合には、超過分を追徴する）
- 円為替/同一通貨間取扱手数料（リフティング・チャージ）：
  　　　　1/20％程度、または最低手数料2,500円程度

※　この輸入関連各種手数料概算一覧表を記載していますが、各金融機関によって、これらの各手数料金額に大きな差があったり、また、それぞれの手数料の呼び方が異なったりすることがあります。

!! 知ってて得する参考事項

1 輸入信用状の発行手数料と電信料の算出方法

　この事例のなかでA社長から求められた手数料の算出にあたっては、多くの地域金融機関が採用しているL/C発行手数料と電信料を取引先に請求する方式とします。

　ちなみに、各手数料の料率を「輸入信用状発行手数料：3ヵ月未満を1ターム（term）として、1/2%または、最低手数料を15,000円」、および、「電信料：8,000円」という前提での計算方法としました。

　まず、ベトナム向けに3ヵ月未満有効な信用状で金額は200,000米ドル、手数料引落し当日の米ドル／円相場を＠100円とした場合は次のとおりです。

```
信用状発行に要する手数料（3ヵ月未満有効）

  ＜ⅰ＞　信用状発行手数料：
    200,000米ドル　×　1/2%　×　＠100円
                              ＝¥100,000円
  ＜ⅱ＞　電信料：　　一律　　　　8,000円
          合計　　　　　　　　　108,000円
```

2 輸入信用状の有効期間が異なる場合の計算方法

　次に、同じベトナム向けで200,000米ドルの信用状で、期間を3ヵ月以上6ヵ月未満有効とした場合の信用状発行手数料は、次のとおり、2倍の信用状発行手数料になります。

```
  ＜ⅰ＞　信用状発行手数料
    200,000米ドル　×　1/2%　×　2回分　×　＠100円
                                    ＝ 200,000円
  ＜ⅱ＞　電信料：　　一律　　　　8,000円
          合計　　　　　　　　　208,000円
```

すなわち、信用状の有効期間は多くの金融機関では3ヵ月刻みで、3ヵ月未満を1タームとして決めており、3ヵ月を超えて6ヵ月未満の場合には、発行手数料は2回分、また、6ヵ月を超えて9ヵ月未満の場合は3回分……というように計算されます。

　このL/C発行手数料の計算方法は融資や保証取引の場合のような「日割り計算」とは異なる点が特徴です。

③　海外向け仕向送金手数料とコルレス手数料についての説明

　この海外向け送金手数料やコルレス手数料等についても、各金融機関によって、その適用料率には大きな差がありますので、必ず自行の料率を確認しておいてください。

　ここでの状況設定としては、「海外向け仕向送金手数料：1件5,000円、コルレス手数料：1件2,500円（送金受付時）」という前提での取扱方法としました。

海外向け仕向送金に要する手数料

＜ケース1＞
- 海外向け仕向送金に際して、コルレス手数料の負担者が送金**受取人**（beneficiary）である場合：

海外向け仕向送金手数料	：1件 5,000円
合計	5,000円

＜ケース2＞
- 海外向け仕向送金に際して、コルレス手数料の負担者が送金**依頼人**（applicant）である場合：

海外向け仕向送金手数料	：1件	5,000円
（＊）コルレス手数料（Corres Charge）		2,500円
合計		7,500円

（＊）コルレス手数料は、経由銀行や支払銀行等で発生する手数料であり、各国の商慣習に基づいて各金融機関がそれぞれの料率で設定しています。後日、海外等の金融機関から請求があった場合、送金受付時に徴収した手数料金額より多ければ、その差額を追徴します。

　一般的に、手数料の負担区分が送金依頼人（applicant）の場合は、海外現地法人等の増資や会社設立のための資本金送金等、払込み金額に不足が生じては困る場合や、送金の受取人が子会社等であって余計な費用負担を相手側にさせない場合等が多いようです。

　輸出入の商取引においては、手数料の負担区分が送金受取人（beneficiary）となる場合が多く、事前に商品売買契約書の諸条件を確認するように、アドバイスするとよいでしょう。

　取引先からの仕向送金の受付時には、手数料の負担区分について十分に確認しなければ、後日、予想もしなかった金額の手数料を経由銀行や支払銀行から請求される可能性もあるので注意が必要です。

3. その他

事例1　海外相手先の信用調査の方法

　イギリスにある繊維機械商社向けに、このたび、久々の大口輸出案件が持ち上がっています。この会社の概要や業績、業界における評判等について信用調査を頼みたいのですが、どこに依頼すればよいのかアドバイスしてほしい。

▶▶▶ アドバイスのポイント

- 海外取引先の信用調査の方法について（JETRO、商工会議所、金融機関、貿易コンサルタント会社等の活用）
- 信用調査の内容について

◆◆話の展開の仕方

A社長：今度、我が社は10年ぶりに大口の繊維機械をイギリスの専門商社に販売する契約がまとまりそうなんだよ。久しぶりの輸出取引だから、どのような点に注意すればよかったのか、忘れてしまったよ。もう一度、教えてもらえるかな？

B行員：大口の契約、まとまるとよいですね。ところで、大口であるからこそ余計に、輸入元であるイギリスの専門商社についての「信用調査」を行ったほうがよいですよ。
　　　　できれば、イギリスに出向いて直接、相手の会社を訪問して、経営者と意見交換をしたり業界の動向等の議論をしたりしながら、信頼できる相手方かどうかを見極めることが大事ですよ。

A社長：そうだね。大口だからといって、浮かれていてはだめだよ

ね。ついつい、イギリスやアメリカの会社となると、なぜか安心感が先に立ってしまって……。

B行員：そうですよ。貿易の相手は、言語も宗教も文化も商売に対する考え方もすべて異なるわけですし、ましてや、今回は初めての相手先であり、また大口の金額ですから、慎重に対応する必要がありますよ。

A社長：そのとおりだね。それでは、「信用調査」はどこに頼めば調べてもらえるのか、教えてほしいんだけど。その他に、簡単に相手方の情報を入手する方法等があれば、ぜひ、アドバイスをしてほしい。

B行員：わかりました。それでは、簡単にご説明していきましょう。通常、海外取引の場合の信用調査は、相手方の取引銀行を経由して照会する Bank Reference という方法、同業者を経由して照会する Credit Reference という方法、その他ダンレポートで有名な Dun&Bradstreet Corp. 社等の調査機関と提携している国内の大手調査会社等を利用する方法があります。その他にも、ジェトロ（日本貿易振興機構）では D&B やコンパスというデータベースで相手企業の概要を検索できる他、「外国企業信用調査」も有料で利用できます。また、商工会議所でも提携信用調査会社を利用した「海外企業信用調査サービス」を有料で行っていますよ。

A社長：そうなの？　ジェトロも商工会議所もメンバーになっているから、早速、相談してみるよ。大変役に立ちましたよ。ありがとう。

!! 知ってて得する参考事項

1　海外取引先の信用調査の方法について

輸出・輸入取引を行うにあたって、最初に行うべき最も重要な事項

は、相手方の信用調査（Credit Inquiry）です。

海外企業情報の取り方についてはいろいろな方法がありますが、最も簡単に調べる方法としては、次のものがあります。

ⓐ　JETRO のビジネス・ライブラリー等に設置されているデータベースを利用して検索する方法

　　世界約 230 ヵ国、約 1 億社の企業情報を企業名、業種等から検索が可能な「D & B Global Reference Solution」（発行：Dun & Bradstreet Inc.）や世界 68 ヵ国、244 万社の企業情報を企業名、商標名、製品・サービス等から検索可能な「KOMPASS Online」（発行：Kompass International）という名称のデータベースで検索できます。

ⓑ　JETRO や日本の商工会議所等に設置されている商工人名録（Trade Directory）や貿易業者リスト等の活用

ⓒ　DUN REPORT

　　1841 年に創業した米国の Dun & Bradstreet 社が提供する信用調査報告書である「ダン・レポート」は国際的に広く知られています。これらの「ダン・レポート」は JETRO や主要金融機関等でも取り寄せが可能です。

ⓓ　BANK REFERENCE（銀行経由信用調査）

　　海外の相手先から自社の信用照会先（Credit Reference）として、その取引金融機関名および支店名等が取引申込書やそれまでに取り交わされた書状のなかに明記されているような場合には、その指定された相手方金融機関に宛てて、信用照会を取引金融機関経由で送付してみるようアドバイスすることも有効です。

　　多くの金融機関では、このような海外向け信用照会の取扱いについては電信料または郵送料の実費を徴収しているようです。

　　ただし、このような金融機関を通じた信用照会は、日本の金融機関からの発信手続が早くても、受ける側の外国の銀行において、非常に長い時間がかかったり、また、個人情報関連の守秘義務等

3. その他

を理由に回答を拒絶してくるケースもあり、いつまで待っても回答書の返送がなされなかったりすることもしばしば見受けられます。

また、信用照会を受け取った外国の金融機関から返送されて戻ってくる信用調査回答書の内容は、往々にして詳しくは記入されておらず、極めて簡単な表現に留めていることが多いので、あまり内容面での期待はしないほうがよいでしょう。

ⓔ 商業調査会社や貿易コンサルタント等を利用

信用調査専門の機関を利用する方法もありますが、費用がかなり高くつきます。しかし、相応に詳細な情報を期待できるので、代理店契約や販売店契約等長期間にわたり、企業にとって極めて重要な契約の場合等には、こういった機関に信用調査を依頼することも必要でしょう。

② 信用調査の内容について

「信用調査の内容」には、Character、Capital、Capacity があり、この3項目を「信用調査の3つのC」と呼んでおり、もう1つ Condition を加えることで「4C = Four C's」ともいわれ、相手方との将来にわたる息の長い取引を行ううえで必須条件となります。

- Character（相手先企業の性格）
  経営方針、取引に対する熱意や誠実さ
- Capital（相手先企業の資本）
  資産、負債、売上げ等の財務状態
- Capacity（相手先企業の能力）
  販売能力、営業能力等

＋

- Condition（相手先企業を取り巻く状況）
  所在する国の政治経済的安定度、カントリーリスク

(出所：『実践国際ビジネス教本』ジェトロ編、2003年7月)

事例2　為替変動リスク軽減策

　小型防犯カメラを製造・販売している中小企業です。内蔵しているレンズは国内商社に依頼して、中国から輸入してもらっています。ただ、商社との為替相場の仕切りは＠￥120/米ドルであり、現在の90円台半ばの相場が続けば、商品の販売競争力がなくなってしまいます。商社との間の仕切りレートの見直しは1年ごとになっていますが、何かよいアドバイスがあれば教えてほしい。

▶▶▶ アドバイスのポイント

- 外貨建債権・債務について
- 為替変動リスクの軽減策

◆◆ 話の展開の仕方

A社長：最近、米ドルが90円台をずっと維持しているけれど、一体どこまで円高が進むんだろうね。

B行員：うーん、難しいですね……。確か、御社はレンズを国内の商社経由で仕入れている間接貿易でしたよね。御社と商社間での仕切りレートはおいくらですか？

A社長：今は1米ドルが120円なんだよ。まあ、1年ごとのレートの見直しで、来年の3月末までなんだけどね。

B行員：長いですよね。でも、商社との仕切りレートのなかには、貿易に関する諸手続や為替変動リスクの回避策を行う諸費用や人件費等のコストを織り込んでいるのでしょうから、当然高くなりますよね。

A社長：そうなんだよ。我が社は中小企業だから、直接貿易を行うノウハウも人的余裕もないから仕方ないんだけどね……。
　また、最近は為替が大きく変動しているから、こんな時に

直接貿易に切り替えるのもリスクが高いよね。でも、このまま手をこまねいているのももったいなくて、何かよいアドバイスはないものかね？

B行員：そうですね。一般的に為替変動リスクの回避策として利用される方法は、①海外との貿易決済を円建に切り替えたり、②御社が海外から輸入するということは、外貨建の負債を抱えているわけですから、逆に、外貨預金等の外貨建債権を保有してマリーするのも手ですね。③先物為替予約や通貨オプションを金融機関と締結したりする方法も多く利用されていますね。

また、御社の採算レートとの比較によりますが、たとえば、期間３年とか５年とかの長期にわたって毎月、同じ為替レートで、御社が米ドルを金融機関から購入して、国内商社に米ドル建で振込を行う「居住者間外貨建決済」の方法もありますよ。

ちなみに、このような先物為替予約の名称や仕組み等は金融機関によってそれぞれ異なりますが、一般的には「フラット為替予約」と呼んでおります。また、このフラット為替予約に通貨オプションを組み込んだ商品等も取り扱っていますので、何でもご相談ください。

A社長：ほお、いろいろな方法があるんですね。一度、真剣に社内で検討してみるよ。また相談に乗ってくださいね。どうもありがとう。

!! 知ってて得する参考事項

1 外貨建債権・債務について

輸出取引で受け取る外貨債権とインパクトローン等の外貨債務を組み合わせたり、輸入取引で支払う外貨債務と外貨預金等の外貨債権を組み合わせることで、為替変動リスクをある程度は回避することができます。

② 為替変動リスクの軽減策

先程のA社長とB行員の会話のなかでも出てきましたが、いくつかの方法が考えられます。

ⓐ 円建契約

日本側では為替変動リスクは発生しませんが、通貨が異なる外国の相手先のほうから為替差損分の負担を要求してくる可能性が十分に考えられます。

ⓑ 先物為替予約

為替変動リスクをヘッジするのに最も一般的に利用されている方法です。

ⓒ 通貨オプション

先物為替予約と同様、一般的に利用されています。

ⓓ マリー（Marry）

同一通貨、同金額、同時期等の条件で、外貨建債権と外貨建債務を組み合わせて決済するもので、広く利用されています。

ⓔ リーズ・アンド・ラグズ（Leads and Lags）

対外的な受取や支払を為替相場や金利見通しに基づいて、その決済時期を早めたり、遅らせたりするものです。

ⓕ 外貨預金

外貨建債権・債務のマリーを目的に利用している企業が多くみられます。ただし、資金的な余裕があることが必要です。

以上のような方策が考えられますので、それぞれの取引先の実情に合わせたアドバイスを行うことが必要になってきます。

第4章 支店長クラス向けの「外為研修」

　先程の「外為営業ロールプレーイング研修」は、営業の第一線で活躍する若手、中堅クラスの金融マンを対象に、新規法人開拓や既存取引先への取引深耕を目的として、臨場感あふれた雰囲気のなかで実践的に行う研修であるのに対して、これからご紹介する支店長クラスを対象とした「外為研修」は、外国為替取引独特の与信形態の捉え方と外為収益の発生機会について理解してもらうことを中心に解説していく研修です。

1. 与信行為と委任行為

　金融機関が行う各種業務の性格は、各金融機関が独自に定めた一定の基準を満たした取引先に対して信用を供与する「与信取引業務」と民法643条の「委任」および644条の「受任者の善管注意義務」に基づく「委任取引業務」とに大別されます。

　「与信取引業務」は、各取引先の財務内容、業績推移、保有資産、業歴、業界や取扱商品の将来性、経営者の風評等々の多くの定量・定性要因に基づいて、各金融機関が独自にその取引先に対する信用供与の取引種類・限度額を設定しています。

　金融機関が取扱う「外国為替業務」や「外国為替取引」に関連して発生する信用供与や行為を、一般に「外国為替関連与信（以下、外為与信）」と呼んでいます。

　ここで見落とされがちなポイントとして、たとえば、外為取引における確認信用状等のように、海外の信用状発行金融機関の依頼に基づいて、信用状に自行の確認（confirm）を加える場合や市場取引において対顧客のカバー取引をインターバンク市場で行う場合等、金融機

113

関にとって、これら「外為与信」の相手先は日本にある企業や個人等の取引先だけではないことがあげられます。同時に、海外のコルレス銀行、外国金融機関の日本の支店や邦銀等に対しても与信が発生していることも考えておく必要があります。

それでは、貿易取引を輸出取引と輸入取引とに分類して、金融機関が行うそれぞれの取引のなかで関与する行為が、与信行為なのか、または委任行為なのかについてみてみましょう。

＜輸出取引の行為区分＞

与信行為	委任行為
船積前金融としての、「つなぎ融資」や「輸出前貸融資」等の融資の供与	（L/C 付の場合）L/C 発行銀行から送付されてくる L/C やアメンドの接受と通知
輸出荷為替手形および付属書類を L/C 条件とチェック・買取	輸出荷為替手形の取立と代り金受領後の入金
輸入地の L/C 発行銀行から受領した L/C への確認付与（L/C confirm）、フォーフェイティング取引（輸出企業の売掛債権回収リスクの軽減のため、輸出手形を without recourse で銀行が買い取る形態）や国際ファクタリング取引（売掛債権譲渡）	海外からの被仕向送金の受領と入金（外為法上の適法性の確認義務や犯罪収益移転防止法（略称）に基づく本人確認義務等の遵守）

＜輸入取引の行為区分＞

与信行為	委任行為
輸入信用状の発行（at sight 物、usance 物）	海外向け仕向送金実行（被仕向送金と同様）
荷物引取保証（L/G）の発行	BCR（輸入取立手形）

輸出地の買取銀行から受領する荷為替手形および付属書類と自行で発行したL/C条件とのチェック(2007年7月からUCP600に基づき、5 days ruleに変更)	NACCS（航空/海上貨物通関情報処理システム）からの関税・消費税の自動引き落としおよび納税
「跳ね返り融資」（跳単・跳商）や本邦ローン等の貿易ファイナンス供与	―
関税延納保証（税関宛ての関税納期限延長申請書および担保提供書）の発行	―

2. 与信発生の時系列的な管理

　外為与信をみるうえで一番注意しなければならないことは、「後段与信」を伴うことであり、貿易取引の大きな特徴であるといえるでしょう。

　たとえば、輸出取引において、輸出者が販売用商品の生産・集荷資金の不足をきたしている場合には、「つなぎ融資」または、「輸出前貸」の融資を金融機関が実行します。

　そして、できあがった輸出用商品の船積後に、輸出者が自ら振り出した荷為替手形および船荷証券等の付属書類の「買取」を金融機関が行います（その買取代り金は「つなぎ融資」や「輸出前貸」の返済原資に充当されます）。

　また、外貨建荷為替手形の買取の場合は、あらかじめ、先物為替予約を締結する場合も多く、その先物為替予約の与信残高は輸出荷為替手形の買取時に消滅します。

　このように「外為与信」は貿易の一連の流れのなかで、後続する取引が与信を伴って増加してくることから、「後段与信」と呼んでいます。

<／輸出取引における時系列的な与信発生状況＞

（図：輸出先物為替予約、輸出手形の買取（B.B.）、輸出前貸の利用、前貸実行、先物為替予約締結、輸出荷為替手形の買取、輸出前貸の返済、与信、時間の経過）

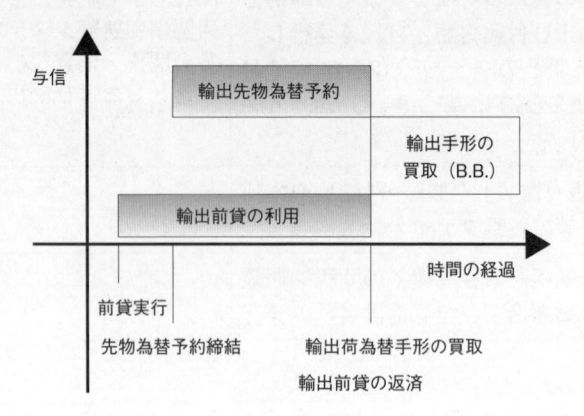

　このような「後段与信」の発生が顕著にみられるのは輸入取引においてであり、まず、輸入信用状の発行→荷物引取保証（L/G）の発行→輸入代金決済→跳ね返り融資の実行等々、一連の輸入取引の流れのなかで与信残高の変化がみられます。また、それに加えて、外貨建の輸入取引となると、輸入決済円貨額をあらかじめ確定しておくためにも輸入先物為替予約を締結することが多く、その与信残高も併せて管理する必要があります。

＜輸入取引における時系列的な与信発生状況＞

（図：輸出先物為替予約、荷物引取保証（L/GやT/R）、輸入信用状の発行、跳ね返り融資・本邦ローン、与信、時間の経過、荷物引取保証実行、輸入手形の決済、先物為替予約の締結、先物為替予約の実行、融資期日）

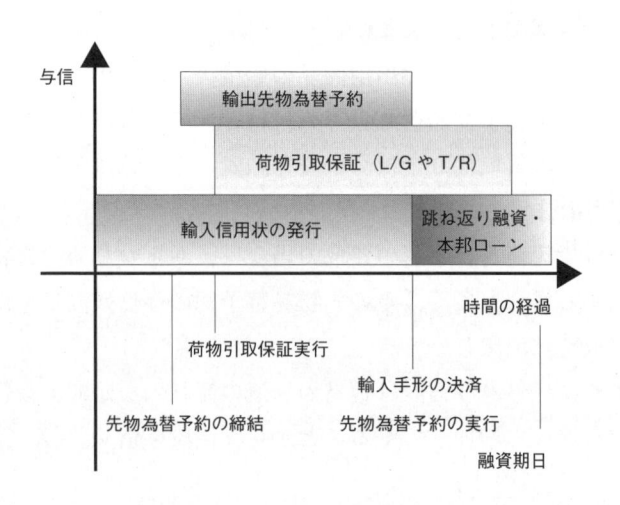

3. 金融機関における外為取引の収益機会

　国内の融資取引や保証取引等のように収益機会が前取り（または、後取り）の1回だけとは異なり、外為取引においては、輸出取引も輸入取引についても収益機会は数多く発生するので、金融機関にとっては大変魅力のある業務分野であるといえるでしょう。

　これは、外為取引にかかる与信が後続して発生する「後段与信」が起こるたびに、与信行為が発生し、そこに外為取引特有の手数料や金利体系が存在するために数多くの収益機会があるためです。

　つまり、金融機関が取引先に対して、ある一定の基準に沿った信用を供与することは、審査・融資部門、市場部門、事務部門等で業務にあたっている多くの人達の労力とコストを費やして成り立つ行為であり、また、顧客やコルレス銀行への信用リスク、カントリーリスク、（通貨の）流動性・市場・決済リスク、オペレーション・システムリスク等の様々なリスクを抱える見返りとして、相応のリスク料に見合った対価を受け取っているといえるでしょう。

　次に、輸出、輸入の流れのなかで、金融機関にとって、どの時点において、どのような種類の手数料や金利等の収益項目が発生してくるのかを順を追ってみていくことにしましょう。

＜輸出関連取引＞

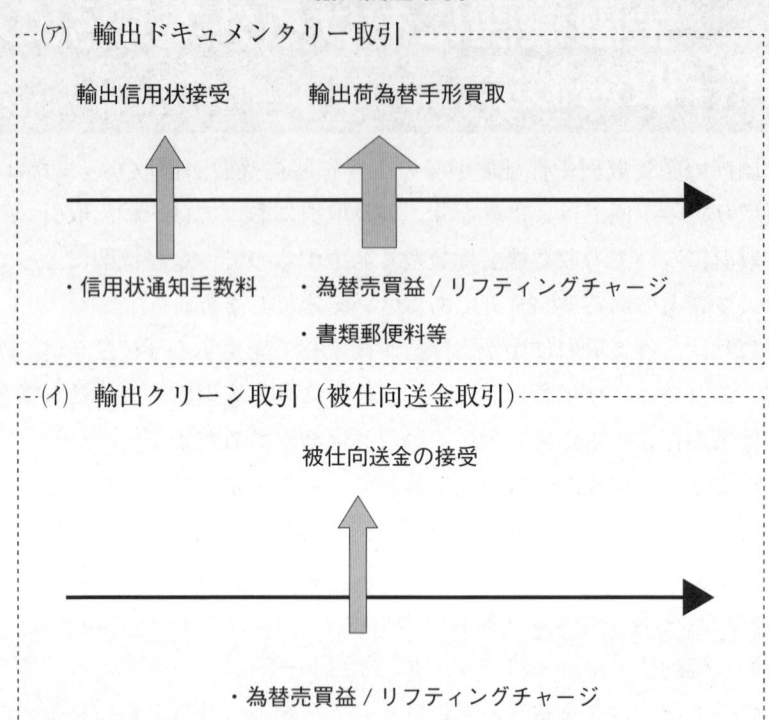

(ア) 輸出ドキュメンタリー取引

　　　輸出信用状接受　　　輸出荷為替手形買取

・信用状通知手数料　・為替売買益/リフティングチャージ
　　　　　　　　　　・書類郵便料等

(イ) 輸出クリーン取引（被仕向送金取引）

　　　　　　被仕向送金の接受

・為替売買益/リフティングチャージ

＜輸入関連取引＞

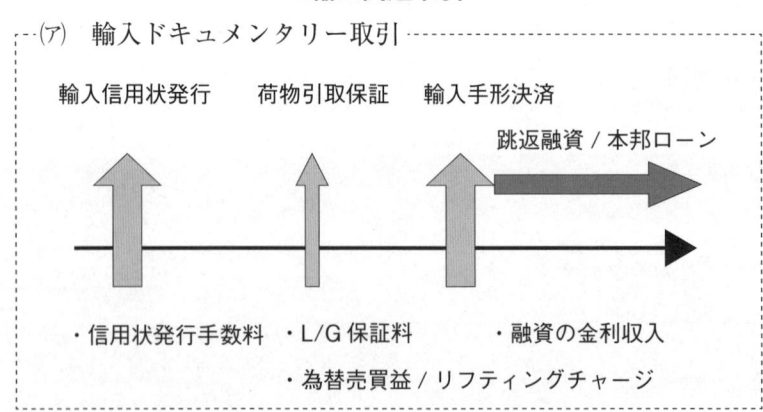

(ア) 輸入ドキュメンタリー取引

　輸入信用状発行　　荷物引取保証　　輸入手形決済
　　　　　　　　　　　　　　　　　跳返融資/本邦ローン

・信用状発行手数料　・L/G保証料　　・融資の金利収入
・為替売買益/リフティングチャージ

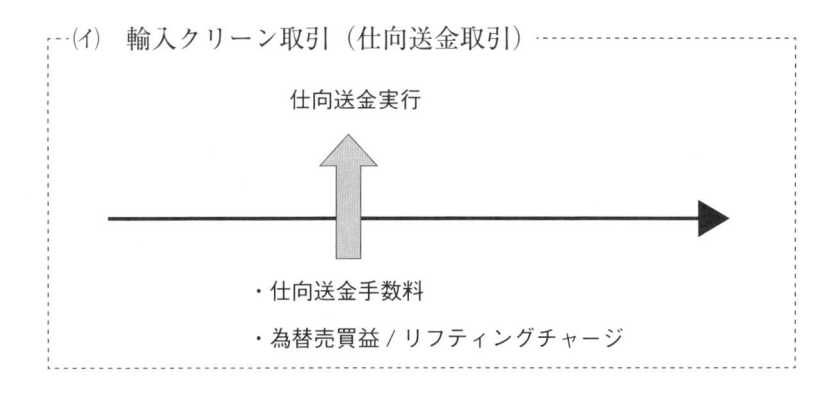

3．金融機関における外為取引の収益機会

```
┌┈(イ)　輸入クリーン取引（仕向送金取引）┈┈┈┈┈┈┈┈┈┈┐
┊                                                        ┊
┊                  仕向送金実行                          ┊
┊                      ↑                                 ┊
┊   ───────────────────┼────────────────────→           ┊
┊                                                        ┊
┊             ・仕向送金手数料                           ┊
┊             ・為替売買益／リフティングチャージ          ┊
└┈┈┈┈┈┈┈┈┈┈┈┈┈┈┈┈┈┈┈┈┈┈┈┈┈┈┈┈┈┈┈┈┘
```

　これら4つのパターンでみてきたように、金融機関にとっては取引先の外為取引をみた場合、輸出も輸入もドキュメンタリー取引のほうがクリーン取引よりも収益機会が多いことに気づくでしょう。これは、取立ベースを除くドキュメンタリー取引は、金融機関にとって対取引先への与信取引になるので、「信用供与に先立って企業や案件等の審査」「与信枠（Credit Line）の設定」「ドキュメンツのチェックや海外発送等の複雑な事務処理」「与信の残存期間中における企業の業態管理」等々の数多い作業を経るためコストがかさみます。よって委任業務である送金の受払いであるクリーン取引に比べて、さらに多くの収益機会があるのです。

第5章 理解度テスト

Exercise（初級編）

次の各問の空欄に当てはまる語句等を記入してください。

問1 外国為替相場

① 外国為替相場の建て方には2つの方法があります。
　1つ目は、1米ドル＝108円という外国通貨1単位を基準にとる方法で （ア） といい、もう1つは、1円＝0.9セントという自国通貨を基準にする方法で （イ） といいます。

② 米ドル対顧客適用相場の呼び名、英文名称と相場実数について記入してください（なお、Maildays Interest は36銭／米ドルとする）。

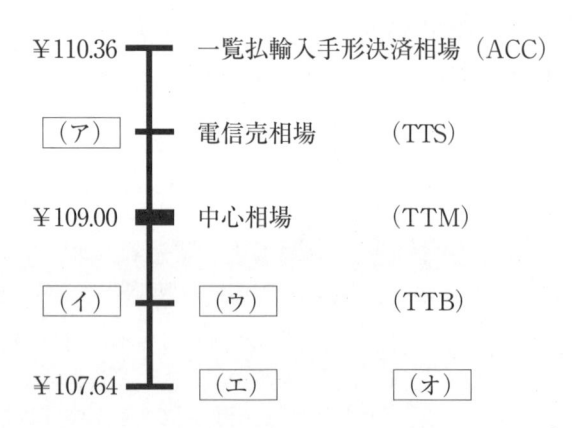

```
¥110.36 ──┬── 一覧払輸入手形決済相場　（ACC）
          │
 （ア）  ──┼── 電信売相場　　　　　　（TTS）
          │
¥109.00 ──■── 中心相場　　　　　　　（TTM）
          │
 （イ）  ──┼──  （ウ）　　　　　　　（TTB）
          │
¥107.64 ──┴──  （エ）　　　　　　　 （オ）
```

120

問2　先物為替予約

① 先物為替予約を締結する場合、予約実行期日または、期間の設定にあたって、どのような方法がありますか？

- 何月何日渡しと、実行日を限定する　(ア)　渡し。

- 確定日を特定できないために、何月1日から月末日までの1ヵ月の間に実行する　(イ)　渡し。

- たとえば、9月21日から9月29日までの短い間に実行する　(ウ)　渡し。

② 具体的に、8月21日（資金受渡日のspot value Dateは8月23日とする）に1ヵ月後の9月23日の輸入先物予約を締結した場合のレートはいくらですか？　また、輸出先物予約を締結した場合のレートはいくらですか？

<前提条件>

Spot rate：¥109.00 — 109.10（銀行取引レート）

1ヵ月　直先spread：　d16 — 13

　　　　（d 0.16 — 0.13のディスカウントを意味する）

　　　　対顧客のマージンは1円とする。

<輸入先物為替予約相場の算出式>

（式：　　　　　　(ア)　　　　　　　）

<輸出先物為替予約相場の算出式>

（式：　　　　　　(イ)　　　　　　　）

問3　外国送金取引

① 外国向け仕向送金は、海外に送金する銀行を (ア) といい、資金を受け取る海外の銀行を (イ) といいます。また、(ア) と (イ) の間での、あらかじめの決済勘定等の取決め、送金の支払委託・信用状の接受、手形の取立依頼等についての為替取引契約を (ウ) といい、これらの契約を締結している銀行を (エ) といいます。

問4　輸出取引

① UCP600第4条では、「信用状はその性質上、信用状の基礎となることのできる売買契約その他の契約とは (ア) である」と明示されています。

また、UCP600第5条では「銀行は、(イ) を取扱うのであり、その (イ) が関係することのできる物品、サービスまたは履行を扱うのではない」とあります。

信用状を海外の金融機関から受領した場合には、信用状面に国際商業会議所（ICC）採択による (ウ) を適用する旨の文言がある真正なものであることを確認する必要があります。

この (ウ) は (エ) ではなく、あくまで (オ) であり、現在の改訂版は2007年7月1日から発効しています。

問5　輸入取引

① 輸入取引にあたって、信用状や付属書類等を伴う (ア) 取引と書類を伴わず送金による決済を行う (イ) 取引があります。

海外の輸出者が、日本にある企業と新規で取引をする際に、輸出代金を確実に回収することを目的として、(ウ) が発行する

(エ) を要求してくる場合が多くみられます。

この (エ) の発行は銀行にとっては、(オ) 取引であり、輸入企業の資金繰りや財務状況等には十分に注意する必要があります。

解答例（初級編）

問1　外国為替相場
① （ア）邦貨建相場　　（イ）外貨建相場
② （ア）¥110.−　　（イ）¥108.−
　　（ウ）電信買相場　　（エ）一覧払輸出手形買相場
　　（オ）At Sight Buying Rate（A/Sまたは、ASBと略す）

問2　先物為替予約
① （ア）確定日　（イ）暦月　（ウ）特定期間

② （ア）輸入先物予約の場合の算出方法は、
　　　　¥109.10 − ¥0.13 + ¥1.00 = ¥109.97

　　（イ）輸出先物予約の場合の算出方法は、
　　　　¥109.00 − ¥0.16 − ¥1.00 = ¥107.84

問3　外国送金取引
（ア）仕向銀行　　（イ）被仕向銀行
（ウ）コルレス契約　　（エ）コルレス銀行

問4　輸出取引
（ア）別個の取引　　（イ）書類
（ウ）荷為替信用状に関する統一規則および慣例

            （2007 年度改訂版―UCP600）
        （エ）法律　　　　　　　（オ）国際ルール

問5　輸入取引
　（ア）ドキュメンタリー　　（イ）クリーン
　（ウ）信用のある優良銀行
　（エ）信用状（Letter of Credit）
　（オ）与信

Exercise（金融機関の収益編）

<注意事項>
　以下の各問題を考えるにあたって、適用相場に対する優遇はなし。
　また、取引ごとの手数料料率と各通貨の為替売買幅については、各設問の仮定条件を参考にしてください。

例題1　輸出ドキュメンタリー取引

　中国から接受したAt sight物の信用状に基づいて、当行はA社から50万米ドルの輸出荷為替手形および付属書類を107円60銭で買い取って、A社名義の当座預金口座に為替手形買取代金を入金しました。

問題①：本件で銀行がA社に対して荷為替手形を買い取って、当座預金口座に入金する場合に適用される公表相場の種類は何でしょうか？

問題②：本件で銀行が受け取る収益額はいくらになるでしょうか？
　　　　（輸出信用状通知手数料10,000円および輸出手形買取手数料（含む、郵便料）10,000円とそれぞれ仮定する）

例題2　輸出クリーン取引（被仕向送金）

　B社宛てにドイツの銀行から50万ユーロの被仕向送金が到着し、輸出代金の受取ということを確認して、B社の指示どおり、当日の公表相場を適用して円転し、B社名義の当座預金口座に入金しました。

問題①：本件で適用される公表相場の種類は何でしょうか？

問題②：本件で銀行が受け取る収益額はいくらになりますか？
　　　　（ユーロの為替売買幅は1円50銭と仮定する）

例題3　輸入ドキュメンタリー取引

　C社からの依頼に基づき、マレーシア向けに4ヵ月間有効な信用状を、金額80万米ドルで発行しました。なお、換算相場は110円/米ドルとする。

問題①：本件で受け取る信用状発行手数料はいくらになりますか？
　　　　（信用状発行手数料は、期間3ヵ月を1タームとして、料率1/2%（0.5%）、または最低手数料15,000円とし、別途電信料5,000円と仮定する）

例題4　輸入クリーン取引（仕向送金）

　D社からの依頼に基づいて、韓国向けに30万米ドルの電信送金を受け付けました。相場は当日のSpotレートを適用し、送金代り金はD社名義の当座預金口座から払い出しました。

問題①：この場合に適用される公表相場の種類は何でしょうか？

問題②：本件で銀行が受け取る収益額はいくらになりますか？
　　　　（海外向け送金手数料：4,000円、コルレス手数料は「受取人負担」のため、発生せず。また、米ドルの為替売買幅は1円と仮定する）

解答例（金融機関の収益編）

例題1　輸出ドキュメンタリー取引

問題①：

　　At Sight Buying Rate（一覧払手形買相場）

問題②：

(i) 信用状通知手数料（接受時）：　　10,000 円
(ii) 輸出手形買取手数料：　　　　　　10,000 円
(iii) 荷為替手形買取時の為替売買益：

50万米ドル　×　売買幅1円＝ 500,000 円
合計　　　　　　　　　　　　520,000 円

なお、為替手形買取によって生じる円貨預金の歩留り益（預金口座に残高が残った金額を市場で運用したものと仮定して、発生するであろう見込み金利収益）等は考慮に入れていません。

例題2　輸出クリーン取引（被仕向送金）

問題①：

　　Telegraphic Transfer Buying Rate（TTB）（電信買相場）

問題②：

(i) 為替売買益：

50万ユーロ　×　売買幅1円50銭＝ 750,000 円
合計　　　　　　　　　　　　750,000 円

例題3　輸入ドキュメンタリー取引
　問題①：
　　（i）信用状発行手数料：
　　　　80万米ドル× 1/2%（0.5%）×＠110円× 2回
　　　　　　　　　　＝ 880,000 円
　　（ii）電信料：　　　　　5,000 円
　　　　　合計　　　　　885,000 円

例題4　輸入クリーン取引（仕向送金）
　問題①：
　　Telegraphic Transfer Selling Rate（TTS）（電信売相場）

　問題②：
　　（i）電信送金手数料：　　　4,000 円
　　（ii）為替売買益：30万米ドル×売買幅1円
　　　　　　　　　　＝ 300,000 円
　　　　　合計　　　　　304,000 円

（注）　手数料負担区分が送金依頼人（applicant）負担の場合は、別途、「コルレス手数料」が発生します。

おすすめの貿易関連資格試験

　貿易実務に関する資格試験としては、財務省認定の国家試験である「通関士」試験が毎年10月上旬に行われています。
　その他にも、日本貿易実務検定協会が主催している「貿易実務検定試験」（A級・準A級・B級・C級）や銀行業務検定協会[注1]が主催している外国為替2級や3級も幅広い層に人気があります。
　さらに、2008年11月を第1回目として、貿易アドバイザー協会（AIBA）[注2]が「AIBA認定貿易アドバイザー試験」を実施しています。
　この「AIBA認定貿易アドバイザー試験」は、独立行政法人日本貿易振興機構（ジェトロ）が1994年に輸入取引支援のため、実務経験とノウハウを持つ人材の育成を目的に、「JETRO認定輸入ビジネスアドバイザー試験」として開始したものです。
　その後、2000年4月には日本の貿易政策の転換に伴って、「ジェトロ認定貿易アドバイザー試験」と名称を変更。2007年12月に経済産業省はJETROの組織・業務全般の見直しに伴い、2008年度から貿易アドバイザー協会（AIBA）がJETRO、日本商工会議所、日本貿易会等の後援を得て、新たに、「AIBA認定貿易アドバイザー試験」として貿易のプロフェッショナルの育成を目的に引き継ぎました。

（問い合わせ先）
（注1）銀行業務検定協会・検定試験運営センター
　　TEL：03-3267-4821
　　HP：http://www.kenteishiken.gr.jp/

（注2）貿易アドバイザー協会・試験事務局
　　TEL：03-3255-2477　　FAX：03-3255-2478
　　E-MAIL：info@trade-advisers.com

おわりに

　本書は、「外為ビジネスの実践手法—中小企業を活性化する法人渉外」と題しました。
　「金融機関における外為ビジネス」と一言で言っても、外国為替業務の種類は多様で、いわゆる、輸出や輸入取引のうち、信用状取引という今や世界の貿易為替の約2割とか2割5分とかのウェイトしか持たないと言われている伝統的な貿易金融に関連する外国為替業務もあれば、すでに主流となっている送金取引も外国為替業務であります。
　また、企業の収益状況を大きく左右する要因となる為替変動リスクを軽減するために一般的に活用されている先物為替予約や通貨オプション取引等の市場取引も外国為替業務の一分野です。
　本書では、読者の皆さんが広く外為ビジネスを行ううえで、まず、輸出入取引に絡む貿易金融として、金融機関が与信とみなす取引にはどのようなものがあり、また、外為与信独特の「後段与信」を伴う与信形態のどこに注意を払わなければならないか、といった点に重点を置きました。
　さらに、各金融機関が外為業務を積極的に推進していこうとするならば、営業担当者の外為知識レベルの向上が不可欠であり、行内・社内研修等で活用できるように実践的に効果がある「外為営業ロールプレーイング」の題材を盛り込みました。
　そして、不慣れな海外ビジネスに必死にチャレンジしようとしている中小企業の経営者の皆さんから、気軽に相談を持ちかけられる身近で頼り甲斐のある金融機関づくりを目指していけば、必ず、外為取引をきっかけとしてビジネスチャンスは大いに広がっていくものと確信しております。

主要参考文献一覧：

(＊) 参考文献の著者・執筆者名は敬称を略させて頂きました。

『貿易と信用状』
　　　（東京銀行システム部・東銀リサーチインターナショナル（TRI）編、実業之日本社、1996 年 2 月）
『実践国際ビジネス教本』
　　　（ジェトロ編、世界経済情報サービス、2003 年 7 月）
『実践国際金融論』
　　　（三宅輝幸・内藤徹雄著、経済法令研究会、2000 年 6 月）
『外国為替の知識』
　　　（国際通貨研究所編、日本経済新聞出版社、2003 年 2 月）
『貿易・為替の基本』
　　　（山田晃久著、日本経済新聞社、2003 年 11 月）
『外国為替の実務事典』
　　　（弓場　勉、日本実業出版社、1998 年 5 月）
『貿易実務』（大塚朝夫監修、成美堂、2003 年 2 月）
『貿易実務と外国為替がわかる事典』
　　　（三宅輝幸著、日本実業出版社、2004 年 11 月）
『ICC 荷為替信用状に関する統一規則および慣例（UCP600）』
2007 年改訂版（国際商業会議所　日本委員会 2007 年 2 月）
『ISBP（国際標準銀行実務）の解説』
　　　（飯田勝人著、TRI 社、2003 年 12 月）
『外為与信・管理の実務』
　　　（式場正昭著、経済法令研究会、1986 年 8 月）
『外為与信稟議書の作り方見方』
　　　（江尻正孝他共著、銀行研修社、1994 年 7 月）
『Q&A 貿易実務トラブル解決マニュアル』
　　　（小林　晃編、林　忠昭、井上泰伸、寺田一雄、中村浩子他執筆、日本経済新聞社、2006 年 5 月）

著者略歴

中西尚孝

1952年11月		神戸に生まれる
1975年 3月		同志社大学卒業
同年　 4月		東京銀行（現三菱東京UFJ銀行）入行

トーアロード支店、丸の内支店、為替資金部、イタリア共和国ミラノ支店、有楽町支店、神田支店、船場支店、検査部・市場業務監査室での約27年半の勤務を経て、2002年9月退職。

2004年 3月　京都銀行・本店営業部入行

参事役、上席審議役として、地場優良企業および関西地区の中堅・中小企業への外為営業推進、行内外における外為研修等の講師を務め、2008年5月退職。

現在、首都圏の地域金融機関で、外為ビジネス企画に従事中

（所属）貿易アドバイザー協会（AIBA）、日本貿易学会
（資格）JETRO認定貿易アドバイザー試験合格（No.560）
（著書）ジェトロ貿易ハンドブック臨時増刊『やさしい為替変動リスク対策』（2011年　ジェトロ）
　　　　法人営業担当者のためのアジア進出サポートコース・通信教育テキスト『ケースで学ぶアジア進出サポート』（2012年　経済法令研究会（共著））
（連絡先）NaoNakanishi@aol.com

本書の内容に関しましては、精査を重ねておりますが、刊行後において記述の訂正（誤記・法令基準日に基づく内容変更など）を要する場合には、経済法令研究会ホームページ（http://www.khk.co.jp/）で掲載いたします。

外為ビジネスの実践手法―中小企業を活性化する法人渉外―

2009年8月26日　初版第1刷発行
2012年8月30日　初版第2刷発行

著　者　　中　西　尚　孝
発行者　　金　子　幸　司
発行所　　㈱経済法令研究会
　　　　　〒162-8421　東京都新宿区市谷本村町3-21
　　　　　電話 代表03(3267)4811　制作03(3267)4823

〈検印省略〉

営業所／東京 03(3267)4812　大阪 06(6261)2911　名古屋 052(332)3511　福岡 092(411)0805

カバーデザイン／清水裕久（Pesco Paint）　制作／八重樫純生　印刷／㈱日本制作センター

ⒸNaotaka Nakanishi 2012　Printed in Japan　　　　　　　　　ISBN 978-4-7668-2189-5

"経済法令グループメールマガジン"配信ご登録のお勧め
当社グループが取り扱う書籍、通信講座、セミナー、検定試験情報等、皆様にお役立ていただける情報をお届け致します。下記ホームページのトップ画面からご登録ください。
☆　経済法令研究会　http://www.khk.co.jp/　☆

定価はカバーに表示してあります。無断複製・転用等を禁じます。落丁・乱丁本はお取替えいたします。

外為・貿易関係者 必読!

改訂されたUCP600のほか、ISBP681までもカバーした
実務解説書の決定版

輸出入と信用状取引

新しいUCP & ISBPの実務

浦野 直義 監修

●A5判 ●292頁 ●定価 2,940円（税込）

本書は、貿易取引における決済手段・支払手段として利用されている信用状の国際ルールである**「信用状統一規則（UCP600）」**と、これを補完する**「荷為替信用状に基づく書類点検に関する国際標準銀行実務（ISBP681）」**の知識と実務対応を、銀行や貿易関係者の視点を踏まえ、初心者からベテランまでを満足させるように、現場レベルでわかりやすく、的確に解説しています。日常業務の手引書はもちろん、信用状取引の学習書として、知識習得にお役立ていただけます。

本書の特徴

類書よりも多く
実務の細部を掲載!

❶改訂された信用状統一規則（UCP600）の重要項目がわかる。

❷複雑なUCP600やISBP681の解説を関連業務に即して詳しく掲載。

❸金融機関だけでなく輸入者・輸出者からの視点も踏まえ、包括的かつ全体的に「信用状取引」が理解できる。

❹実務経験豊富な執筆陣による丁寧な解説。

❺銀行業務検定試験「外国為替2級、3級」における、信用状取引関連分野の学習に最適。

信用状取引の流れに沿った本書の構成

第1章 信用状の本質とUCPの適用
→ 信用状取引とは何か、UCPはどのように適用されるのか？

第2章 信用状の発行
→ 輸入地サイドからみた信用状の発行とは？

第3章 信用状の通知
→ 発行された信用状はどのように輸出地の受益者に通知されるのか？

第4章 信用状付書類の買取
→ 受益者によって整えられた書類はどのように取引銀行によって買い取られるのか？

第5章 信用状付書類の接受
→ 買い取られた書類が輸入地においてどのように発行銀行に接受されるのか？

第6章 信用状付書類の決済
→ 接受された書類はどのように決済されるのか？

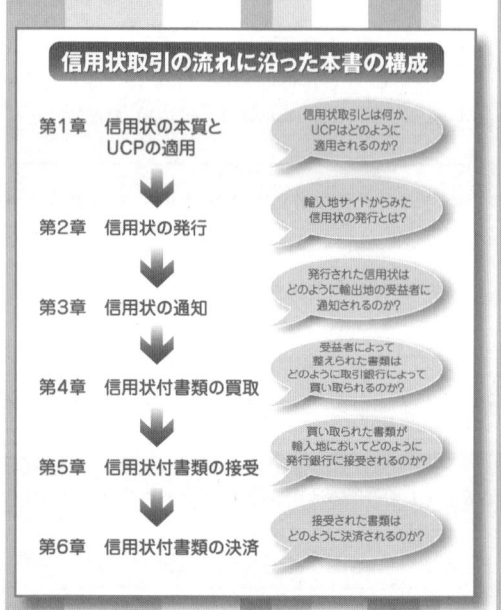

0904-2050-TA (2148)

経済法令研究会
http://www.khk.co.jp/

〒162-8421　東京都新宿区市谷本村町3-21　TEL.03(3267)4811　FAX.03(3267)4803